EINFÜHRUNG IN DAS BUCH GENESIS

SCHLÜSSEL ZUM AT VIDEO-SERIE

DAVID PAWSON

ANCHOR

Copyright © 2022 David Pawson

David Pawson ist gemäß dem Copyright, Designs and Patents Act 1988 der Urheber dieses Werkes.

Herausgeber der deutschen Ausgabe 2022 in Großbritannien: Anchor, ein Handelsname von David Pawson Publishing Ltd., Synegis House, 21 Crockhamwell Road, Woodley, Reading RG5 3LE

Dieses Werk ist urheberrechtlich geschützt. Ohne vorherige schriftliche Genehmigung des Verlages darf kein Teil dieses Buches in irgendeiner Form vervielfältigt oder weitergegeben werden. Das betrifft auch die elektronische oder mechanische Vervielfältigung und Weitergabe, einschließlich Fotokopien, Aufzeichnungen und Systemen zur Informations- und Datenspeicherung und deren Wiedergewinnung.

Die Bibelzitate wurden, soweit nicht anders angegeben, der Bibelübersetzung Hoffnung für Alle® (Hope for All)© 1983,1996, 2002, 2009, 2015 by Biblica, Inc.® mit freundlicher Genehmigung des Herausgebers Fontis entnommen sowie der Lutherbibel (LUT), revidiert 2017, © 2016 Deutsche Bibelgesellschaft, Stuttgart.

Übersetzung aus dem Englischen: Lisa Schmid, Ditzingen

Weitere Titel von David Pawson,
einschließlich DVDs und CDs:
www.davidpawson.com

KOSTENLOSE DOWNLOADS:
www.davidpawson.org

Weitere Informationen:
info@davidpawsonministry.org

ISBN 978-1-913472-60-3

Printed by Ingram Spark

Grundlage dieses Büchleins ist eine Reihe mündlicher Vorträge. Vielen Lesern wird daher der Unterschied zu meinem gewöhnlichen Schreibstil auffallen. Das soll sie jedoch, wie ich hoffe, nicht vom Inhalt meiner biblischen Erörterung ablenken.

Wie immer bitte ich meine Leser, alles, was ich sage oder schreibe, mit dem biblischen Text zu vergleichen. Wenn sie irgendwo einen Widerspruch entdecken, fordere ich sie hiermit auf, sich am klaren Wortlaut der Bibel zu orientieren.

David Pawson

Inhalt

TEIL 1	DAS GRUNDLEGENDE BUCH	7
TEIL 2	SCHÖPFER UND SCHÖPFUNG	25
TEIL 3	GESCHÖPFE UND EVOLUTION	43
TEIL 4	VON EDEN NACH BABYLON	65
TEIL 5	ABRAHAM, ISAAK UND JAKOB	83
TEIL 6	JOSEF UND JESUS	103

ANHANG

ANSCHAUUNGSMATERIAL, DAS IN DEN VIDEOS ZUM 1. BUCH MOSE IN DER SERIE „SCHLÜSSEL ZUM ALTEN TESTAMENT" VERWENDET WURDE, NACH FOLGEN GEORDNET. 121

1

DAS GRUNDLEGENDE BUCH

Die Bibel besteht nicht nur aus einem Buch, sondern aus vielen. Das Wort „Bibel" ist von der lateinischen Pluralform *biblia* abgeleitet, was „Bibliothek" bedeutet. Die Bibel besteht aus 66 einzelnen Büchern, die gemeinsam ein Geschichtsbuch bilden – die Geschichte unseres Universums. Doch die Bibel beginnt früher und endet später als jedes andere Geschichtsbuch. Denn sie berichtet vom Anfang des Universums. Dann deckt sie alle weiteren Epochen ab, bis zum Ende des Universums und sogar darüber hinaus. Doch ihre Geschichtsschreibung wurde aus Gottes Perspektive verfasst. Er wählt also aus, was er für wichtig hält; das unterscheidet die Bibel erheblich von einer politischen oder naturwissenschaftlichen Betrachtung unseres Universums oder einer kulturellen Geschichtsbetrachtung unserer Gesellschaft. Menschliche Interessen bestimmen den Fokus der politischen oder naturwissenschaftlichen Geschichte des Universums. Gott wählt sehr sorgfältig die Aspekte aus, die für ihn bedeutsam sind und die ihn am tiefsten berührt haben. Daher unterscheidet sich die Bibel grundlegend von jedem anderen historischen Werk.

Die Bibel hat zwei Hauptthemen: Erstens, was ist mit unserer Welt schiefgelaufen? Zweitens, wie kann es wieder in Ordnung gebracht werden? Unsere Erde ist kein besonders guter Lebensraum, darin sind sich die meisten Menschen einig. Irgendetwas ist ganz furchtbar schiefgelaufen, und das 1. Buch Mose erklärt uns genau, was so sehr danebenging. Der Rest der Bibel berichtet dann darüber, wie es wieder in Ordnung gebracht werden kann – oder vielmehr, wie Gott selbst es tun wird. Nur Gott kann ein Problem dieser Größenordnung lösen, und er wird es tun, indem er die Menschheit vor sich selbst rettet. Denn wir müssen *vor uns selbst* gerettet werden. Das Wort „Erlösung" bedeutet eigentlich, gerettet zu werden; und wir haben diese Rettung vor uns selbst nötig. Alle 66 Bücher der Bibel bilden ein großes Drama, das ich das „Drama der Erlösung" nennen werde. Das erste Buch stellt uns die Bühne, die Schauspieler und den Handlungsablauf dieses großartigen Dramas vor; ohne die ersten Kapitel des Buches Genesis würde der Rest der Bibel kaum einen Sinn machen.

Der hebräische Name dieses Buches lautet einfach „Im Anfang". Die hebräischen Schriften bestanden aus Schriftrollen, die vollständig aufgerollt aufbewahrt wurden. Sie gaben einfach jeder Schriftrolle den Namen ihres ersten Wortes oder Begriffs. So konnte beim Entrollen sofort festgestellt werden, um welches Buch es sich handelte. Als zirka 250 v.Chr. das hebräische Alte Testament ins Griechische übersetzt wurde, änderten die Übersetzer den Namen des ersten Buches in „Genesis", was „Ursprünge" oder „Anfänge" bedeutet. Dieser Titel ist sehr passend, da dieses Buch die Anfänge unseres Universums enthält, den Beginn der Sonne, des Mondes und der Sterne sowie des Planeten Erde, auf dem wir leben. Auch der Ursprung der Pflanzen, Vögel, Fische, Tiere und Menschen wird beschrieben, ebenso wie der Beginn der Fortpflanzung, der Ehe und des Familienlebens. Zudem ist der Anfang von Zivilisation, Regierung, Kultur (Kunst und Wissenschaft), Sünde, Tod, Mord und Krieg inbegriffen. Schließlich kommen auch die ersten Opfer, und zwar sowohl Menschen- als auch Tieropfer vor. Es ist also ein bemerkenswert kleines Buch mit nur 50 Kapiteln, doch es behandelt den Ursprung aller dieser Dinge. Es beschäftigt sich mit grundlegendsten Fragen wie zum Beispiel: Wie ist unser Universum entstanden? Warum sind wir auf dieser Erde? Und, noch persönlicher: Warum muss jeder von uns sterben? Dagegen rebellieren wir, wir sprechen nicht darüber und denken auch nicht darüber nach. In dem Versuch, den Schrecken des Todes zu überspielen, machen wir aus ihm eine gärtnerische Hochleistungsshow. Doch wir alle müssen einmal sterben. Warum? Das sind die letzten großen Fragen des Menschseins, und wir brauchen Antworten, um sie nicht in Geschäftigkeit zu ersticken und zu vergessen. Allerdings können sie von keinem Menschen beantwortet werden. Die Historiker können sie nicht beantworten. Sie können uns nicht sagen, wie alles begonnen hat. Denn kein Historiker war dabei, um zu beobachten und aufzuschreiben, wie es geschehen ist. Auch Wissenschaftler können uns nichts über den Anfang unseres Universums erzählen. Sie können zum Anfang zurückgehen, doch nicht noch weiter in die Vergangenheit. Ihnen ist es nicht möglich, irgendetwas „davor" zu beobachten. Sie sind also nicht in der Lage, uns zu sagen, wie es begann, und folglich auch nicht, *warum* es begann. Die Wissenschaft kann das Warum der Entstehung unseres Universums nicht erklären. Wissenschaftler können uns über die Art seiner Entstehung ein paar Details liefern, den Grund für seine Existenz jedoch nicht.

Philosophen können diese letzten Fragen ebenfalls nicht beantworten, sondern nur Vermutungen anstellen. Es sind reine Spekulationen, wenn sie versuchen, uns z.B. die Frage zu beantworten, die die meisten von ihnen beschäftigt: die Existenz des Bösen. Wo kommt das Böse her? Warum gibt es so viel Böses auf der Welt? Philosophen haben sich ihre Köpfe zerbrochen, um uns eine Antwort geben zu können, doch es sind reine Vermutungen, niemand weiß es wirklich. Die einzige Person, die uns diese Fragen wirklich beantworten könnte, ist Gott selbst. Wenn Sie das Buch Genesis öffnen, sind Sie daher sofort mit einer Frage konfrontiert: Handelt es sich um die Ausgeburten menschlicher Phantasie oder ist der Text von Gott inspiriert? Liefert uns das Buch Genesis nur weitere menschliche Vermutungen zu diesem Thema? Oder gibt es uns tatsächlich die Antwort der einen Person, die dabei war, als alles begann, und die dafür verantwortlich war und ist?

Es gibt auch noch andere Berichte über die Schöpfung in unserer Welt. Ein recht bekannter Bericht wird das babylonische Schöpfungsepos genannt. Es ist viel komplizierter und viel unglaubwürdiger als das Buch Genesis und stellt nur eine von mehreren Sagen dar, die uns erklären sollen, wie alles angefangen hat. Sie sollten sie lesen, nur um sie mit der absoluten Einfachheit und Überzeugungskraft von Genesis, Kapitel 1 zu vergleichen. Dennoch müssen Sie sich bei der Lektüre von Genesis entscheiden: Ist es eine Ausgeburt menschlicher Phantasie oder göttlich inspiriert?

Sie müssen also einen Glaubensschritt machen, bevor Sie das Buch öffnen. Allerdings beruht die Wissenschaft tatsächlich auf Glaubensschritten. Ich habe einen wissenschaftlichen Abschluss und weiß daher, dass man in der Wissenschaft eine Hypothese, eine Arbeitstheorie entwickelt und dann überprüft, ob sie mit den Fakten übereinstimmt. So funktioniert wissenschaftlicher Fortschritt. Er beruht auf solchen Glaubensschritten. Sie gehen also im Glauben an eine Theorie einen Schritt vorwärts und testen dann, ob sie den Tatsachen entspricht. Daher glaube ich, dass der Glaubensansatz unter diesem Gesichtspunkt wissenschaftlicher Natur ist, und sage demzufolge: Machen Sie beim Buch Genesis einen Glaubensschritt, nehmen Sie an, dass es sich um *Gottes* Antwort auf diese Fragen handelt, und überprüfen Sie dann, ob das mit den Fakten übereinstimmt. Es gibt zwei wichtige Fakten, die mir ins Auge springen und die das Buch Genesis in vollkommener Art und Weise erklärt. Erstens, wir leben in einer wunderschönen Welt, sie ist einfach unglaublich! Das Universum ist erstaunlich, doch unser Planet ist der interessanteste im ganzen Universum. Er hat so viele Facetten und auf ihm gibt es Leben. Wir leben in einer wunderbaren Welt, und je öfter Sie Naturprogramme im Fernsehen anschauen, desto wunderbarer erscheint sie Ihnen. Die Wunder der modernen Fotografie offenbaren uns so viel. Die zweite Tatsache ist, dass diese Welt von denen ruiniert wird, die auf ihr leben.

Das sind die beiden Fakten, mit denen wir alle leben müssen. Uns wird unsere Umwelt und was wir ihr antun immer bewusster. Jeden Tag sterben 100 verschiedene Arten aus. Wir zerstören die Welt, in der wir leben; warum tun wir das? Ich glaube, diese Tatsachen stimmen perfekt mit dem Buch Genesis überein, und ich bin davon überzeugt, dass es sich um einen wissenschaftlichen Ansatz handelt.

Betrachten wir nun den Standort des Buches Genesis in der Bibel. Es ist nicht nur das erste Buch, es ist das *grundlegende* Buch für die gesamte Bibel. Die meisten, wenn nicht sogar alle biblischen Wahrheiten sind darin im Wesentlichen enthalten – darum wird es auch das „Saatbeet" der Bibel genannt. Die Samen des Buches tragen später in der Bibel ihre Früchte, doch sie sind alle schon im Keim vorhanden. Dieses Buch ist tatsächlich der Schlüssel, der uns den Rest der Bibel aufschließt.

Haben Sie sich schon einmal gefragt, wie die Bibel aussehen würde, wenn sie mit dem Buch Exodus (2. Buch Mose) begänne? Nehmen wir einmal an, das Buch Genesis würde fehlen. Sobald Sie anfingen, die Bibel zu lesen, würden Sie sagen: Eine Horde jüdischer Sklaven in

Ägypten interessiert mich überhaupt nicht. Warum sollte ich ihre Geschichte und Religion studieren? Nur wenn Sie ein besonderes akademisches Interesse an diesem Thema hätten, würden Sie weiterlesen. Doch weil es das Buch Genesis gibt, erfahren Sie etwas über sich selbst, über *Ihr* Leben. Sie verstehen, wie Sie veranlagt sind und warum Sie kein besserer Mensch sein können – der Mensch, der Sie in Ihren besten Momenten gerne wären.

Haben Sie sich jemals gefragt, warum das Leben ein solch moralischer Kampf ist? Die meisten Menschen wollen besser sein, als sie sind, doch sie schaffen es nicht. Warum? Das Buch Exodus wird Ihnen nicht helfen, das zu verstehen; das Buch Genesis erklärt es Ihnen jedoch. Denn Sie lesen dort über Ihren Vorfahren, einen Mann namens Adam. Ihn kennenzulernen bedeutet, in den Spiegel zu schauen und sich selbst zu sehen. Das Alte Testament beruht auf dem Buch Genesis. Im gesamten Alten Testament gibt es viele Verweise auf Menschen wie Adam, Noah, Abraham und Jakob, der seinen Namen in Israel änderte. Das Neue Testament weist sogar noch mehr Bezüge zum Buch Genesis auf. Überraschenderweise wird Genesis im Neuen Testament öfter zitiert als im Alten. Die ersten sechs Kapitel werden dort detailliert angeführt. Alle acht Hauptautoren des Neuen Testaments beziehen sich auf das Buch Genesis, und Jesus selbst tat es auch.

Für Christen beantwortet Jesu Haltung zu diesem Buch alle offenen Fragen. Denn folgen wir Jesus nach, so vertrauen wir ihm. Wir glauben, dass er die Wahrheit gesagt hat, und interessanterweise betrachtete Jesus alle Personen in Genesis als reale, historische Persönlichkeiten und keine Legenden. Er sah Noah und die Flut als historisches Ereignis an. Wenn Jesus das tut, so schließe ich mich ihm an, welche anderen Probleme das auch mit sich bringen mag, auf die wir im Weiteren noch eingehen werden. Wie auch immer, wenn

Jesus Noah für eine reale Person hielt, tue ich es auch. Und nicht nur das, Jesus behauptete zudem, Abraham persönlich zu kennen. Und er sagte: „Bevor Abraham geboren wurde, war ich da, und er freute sich, mir zu begegnen." Mehrere Juden, die diese Aussage Jesu hörten, sagten: „Du bist noch keine 50 Jahre alt und behauptest, Abraham zu kennen?" Doch Jesus sagte: „Ich war schon da."

Vertrauen Sie Jesus? Falls ja, dann ist seine Aussage für Sie die Wahrheit. Jesus bekräftigte das Buch Genesis ununterbrochen. Als man ihn zum Thema Scheidung und Wiederheirat befragte, was tat er da? Er verwies seine Zuhörer auf Genesis, Kapitel 2 und erklärte ihnen, sie würden dort die Antwort finden. Sie können also erkennen, dass Genesis wirklich die gesamte Bibel untermauert – es hält den Schlüssel für alle anderen Bücher bereit. Ohne dieses Buch würde der Rest der Bibel keinen Sinn machen.

Um Ihnen nur ein Beispiel zu geben: Sie werden das Kreuz ohne das Buch Genesis nicht verstehen, denn Paulus schreibt, am Kreuz sei Folgendes passiert: Genau wie der Ungehorsam eines Menschen der Menschheit den Tod brachte, so bringt der Gehorsam eines Mannes allen das Leben. Das ist das Herzstück des Kreuzes, doch er spricht hier über Genesis, Kapitel 3.

Ich habe meinen Punkt deutlich gemacht, denke ich. Wenn Sie also nicht an das Buch Genesis glauben, können Sie sich auch nicht auf den Rest der Bibel verlassen. Irrt sich dieses Buch, wird dadurch der Rest der Bibel erschüttert. Ist Genesis nicht wahr, so ist der Zufall unser Schöpfer und die wilden Tiere sind unsere Vorfahren. Daher überrascht es nicht, dass Genesis heftiger attackiert worden ist als jedes andere Buch der Bibel. Diese Attacke hat zwei Stoßrichtungen; eine ist wissenschaftlicher Natur, und uns allen sind die Probleme in diesem Zusammenhang bewusst. Ich werde Sie hier nicht alle erschöpfend behandeln, doch ich werde sie erwähnen.

Es gibt Audio- und Videoaufnahmen sowie Bücher, die sich umfassender mit ihnen beschäftigen. Doch wir müssen uns dieser Probleme bewusst sein. Insbesondere junge Leute wissen genau, was ihnen im Biologieunterricht in der Schule beigebracht wurde. Mit diesem Hintergrundwissen lesen sie das Buch Genesis und haben wirklich Probleme damit. Wir müssen ehrlich zu ihnen sein. So hat die Wissenschaft beispielsweise die Reihenfolge der Schöpfung, ihr Tempo und ihre Methode in Zweifel gezogen. Sie hat das Alter der Erde, den Ursprung des Menschen, das Ausmaß der Sintflut, das Lebensalter der Menschen vor der Flut und viele andere Dinge in Frage gestellt. Hinter der wissenschaftlichen Attacke steht allerdings, meiner Ansicht nach, ein satanischer Angriff. Zwei Bücher der Bibel hasst der Teufel am meisten: das Buch Genesis und die Offenbarung. Die ersten Kapitel von Genesis und die letzten Kapitel der Offenbarung verabscheut er besonders, denn die einen beschreiben sein Auftauchen in dieser Welt und die anderen seinen unwürdigen Abgang. Daher liebt er es, Menschen von den Anfangskapitel des ersten Buches Mose und den Schlusskapiteln der Offenbarung fernzuhalten, damit sie sich nicht mit ihnen beschäftigen. Denn er weiß ganz genau: Wenn er den Glauben der Menschen an das Buch Genesis zerstört hat, dann ist es ihm gelungen, das Fundament der gesamten Bibel kaputtzumachen. Daher ist es keine Überraschung, dass es so viel Streit um das erste Buch Mose gibt. Misstrauen Sie diesem Buch, tendieren Sie dazu, den Rest auch nicht ernst zu nehmen.

Wie ist das Buch Genesis nun entstanden? Es ist eines der fünf Bücher, die eine Einheit bilden, nicht so sehr in *unserer* Bibel, aber ganz sicher in der jüdischen Heiligen Schrift. Diese fünf Bücher bilden zusammen den Pentateuch. *Penta* bedeutet fünf. In Washington DC gibt es ein riesiges fünfseitiges Gebäude, das Pentagon. Es kommt vom selben

Wort. Pentateuch sind also die fünf Bücher. Sie werden von den Juden oft die Thora genannt, was Weisung bedeutet. Die Juden glauben, dass diese fünf Bücher zusammengenommen die „Anweisungen des Schöpfers" für die Welt beinhalten. Und es ist sehr weise, sich mit ihnen vertraut zu machen, denn der Schöpfer gab uns diese Anweisungen, damit wir das Beste aus unserem Leben machen. Daher lesen die Juden diese ersten fünf Bücher der Bibel jedes Jahr nach einer bestimmten Leseordnung durch. Jede Woche lesen sie einen weiteren Abschnitt, in einem immerwährenden Zyklus – erreichen sie das Ende, fangen sie wieder von vorne an – das ist ihre wöchentliche Schriftlesung.

Juden, Christen und sogar heidnische Historiker gehen davon aus, dass Mose diese fünf Bücher geschrieben hat, diese Annahme hat eine lange Tradition. Ich sehe keinen Grund, das anzuzweifeln. Zu Moses Lebzeiten hatte das Alphabet bereits die Bildsprache ersetzt, die in Ägypten vorherrschte und bis heute in China und Japan verwendet wird. Ein Alphabet war an ihre Stelle getreten, und bedenken Sie, dass Mose akademisch gebildet war. Sollten Sie jemals den Obelisken *Nadel der Kleopatra* am Ufer der Themse besichtigen, es ist nur eine von zwei Säulen. Die andere steht in New York im Central Park. Früher befanden sich beide am Eingang der Universität in Ägypten, und möglicherweise hat Mose sie in seiner Studentenzeit jeden Morgen gesehen. Er hatte also die Bildung und das Wissen, um diese fünf Bücher zusammenzustellen. Ich glaube, diese traditionelle Annahme ist richtig, obwohl keines der Bücher einen Autorennamen trägt. Allerdings gibt es zwei Probleme, sollte Mose diese fünf Bücher geschrieben haben.

Das erste Problem ist kein wirkliches großes. Am Ende des Buches Deuteronomium wird sorgfältig über Moses Tod berichtet. Sie stimmen mir sicherlich zu, dass es etwas unwahrscheinlich ist, dass er diesen Teil selbst verfasst hat.

Wahrscheinlich fügte Josua den entsprechenden Vermerk am Ende der fünf Bücher hinzu, um die Geschichte abzuschließen. Doch hier kommt das Hauptproblem: Das erste Buch Mose endet zirka 300 Jahre vor Moses Geburt. Er erlebte das, was in den Büchern Exodus, Levitikus, Numeri und Deuteronomium beschrieben wird; diese vier stammen eindeutig aus seiner Zeit. Es gibt kein Problem damit, dass Mose sie verfasst hat. Doch das Buch Genesis endet 300 bis 400 Jahre vor seiner Geburt, wie hätte er also an die inhaltlichen Informationen für das Buch Genesis kommen können? Aus der Frühzeit wissen wir, dass Menschen, die nicht schreiben können, ein phänomenales Gedächtnis haben. Bis heute können Ihnen analphabetische Stämme die Geschichte ihrer Volksgruppe erzählen; sie geben sie nachts am Lagerfeuer weiter, der Vater an den Sohn. Diese sogenannte mündliche Überlieferung wird in primitiven Volksgruppen sehr intensiv gepflegt. So wird es auch bei den Hebräern gewesen sein. Insbesondere als sie in Ägypten versklavt wurden, wollten sie ihren Kindern weitergeben, wer sie waren und woher sie kamen.

Es gibt zwei Dinge, die normalerweise in dieser Überlieferungsform weitergegeben werden. Zum einen die Geschlechtsregister, Stammbäume, um den Menschen Identität zu verleihen. Im Buch Genesis kommen viele Geschlechtsregister vor. Der Satz „Dies ist das Buch der Generationenfolge …" (oder in manchen Übersetzungen „Dies sind die Söhne …") wiederholt sich zehnmal im gesamten Buch. Wenn Sie es gelesen haben, muss es Ihnen aufgefallen sein. Genau das wurde von einer Generation zur nächsten weitergegeben. Zum anderen werden Sagen weitergegeben, damit meine ich Heldengeschichte darüber, was die Vorfahren Großes vollbracht haben. Es werden also Stammeserinnerungen am Lagerfeuer weitererzählt, die aus zwei Dingen bestehen: Stammbäume und Heldengeschichten

– das, was unsere Vorfahren Spannendes getan haben. Das Buch Genesis besteht hauptsächlich aus diesen beiden Aspekten. Es handelt sich also offensichtlich um eine Sammlung, eine Zusammenstellung von Erinnerungen, die Mose von den Sklaven in Ägypten erzählt bekam und niederschrieb. Sie können das deutlich erkennen. Nur ein Abschnitt bildet eine Ausnahme. Es gibt einen Teil des Buches, den er auf keinen Fall auf diese Art und Weise empfangen haben kann: das erste Kapitel. Oder vielmehr Kapitel 1,1 bis 2,3, da die Kapiteleinteilung am falschen Platz steht (wie so oft in der Bibel; Gott hatte diese Einteilung nie beabsichtigt). Diesen Abschnitt hat Mose von keinem Menschen erzählt bekommen, sondern er muss ihn von Gott selbst empfangen haben. Es ist einer der wenigen Teile der Bibel, die Gott einem Menschen direkt diktiert haben muss, der ihn dann niederschrieb. Der Großteil der Bibel wurde nicht auf diese Art übermittelt. Wir dürfen uns die Autoren der Bibel nicht wie ein Textverarbeitungsprogramm vorstellen oder wie Schreibmaschinen, durch die Gott sein Wort austippte. Denn Gott inspirierte die Verfasser, ihr eigenes Temperament, ihre eigenen Erinnerungen, Einsichten und Perspektiven einzubringen, um sein Wort auszugestalten. Gleichzeitig inspirierte er sie so stark durch seinen Geist, dass als Resultat genau das herauskam, was er sich wünschte. Daher tragen andere Teile quasi den Stempel ihres Autors. Der verbleibende Teil von Genesis ist genauso geprägt wie die Bücher Exodus, Levitikus, Numeri und Deuteronomium. Sie können Moses Stil, seine Handschrift darin erkennen, doch Genesis 1,1 – 2,3 ist vollkommen anders und trägt alle Kennzeichen göttlicher Rede. Wir werden gleich noch sehen, dass diese Verse mathematisch perfekt sind. Wenn Gott spricht, ist sein Reden perfekte Mathematik. Die hebräische Sprache hat keine Zahlen. Sie hatten nur Buchstaben, und jeder Buchstabe stand für eine Zahl. Aleph (A) war also 1, B war 2, C war 3 und so weiter. So wird üblicherweise gezählt, und wenn Sie die Buchstaben von Genesis 1 in Zahlen übertragen, ist das Resultat erstaunlich. Ich habe in Jerusalem mit Rabbinern gesprochen, die tatsächlich die mathematische Dimension jedes Verses herausgearbeitet haben. Sie verbringen Tage damit, dies alles zu diskutieren, weil es mathematisch perfekt ist. Der erste Satz: „Im Anfang schuf Gott den Himmel und die Erde" ist im Hebräischen ein Satz mit sieben Wörtern. Das ist nur eine der relevanten Zahlen; wir werden das später genauer betrachten. Doch Genesis 1 ist in vielerlei Hinsicht ein einzigartiger literarischer Text und zeigt alle Merkmale, von Gott direkt zu stammen. Ich kann mir gut vorstellen, wie Mose die Erinnerungen des Volkes sammelte, die Stammbäume und Heldengeschichten, und sie zusammenstellte – und dann sagte Gott zu ihm: „Jetzt werde *ich* die Einleitung verfassen, schreib sie also auf."

Interessanterweise passiert am anderen Ende der Bibel genau dasselbe. Das Buch der Offenbarung wurde nicht von Johannes zusammengestellt. Ihm wurden einfach Visionen gezeigt und Worte mitgeteilt, und dann sagte man ihm: Schreib das jetzt auf. Natürlich gibt es am Anfang und Ende der Bibel Dinge, die sich kein Mensch ausgedacht haben kann, weil sie so weit über das menschliche Vorstellungsvermögen hinausgehen. Also musste Gott gewissermaßen den Anfang und das Ende seines Wortes diktieren.

In Psalm 103 heißt es, dass Gott Mose seine Wege kundtat. Ich glaube, wir befinden uns wirklich auf heiligem Boden, wenn wir uns mit Genesis 1 beschäftigen (ich fühle mich fast gedrängt, meine Schuhe auszuziehen). Wir hören tatsächlich Gottes eigene Worte, der Mose seine Wege offenbarte. Ich habe einen Beweis dafür, dass Mose Genesis 1 niederschrieb und dieser Text vor seinen Lebzeiten nicht bekannt war: Es gibt keine Spur des Sabbats, bis Mose kam. Es wird nirgendwo erwähnt, dass Adam, Noah, Abraham, Isaak oder Jakob sich jede Woche einen Tag freigenommen hätten. Alle Zeitangaben sind Monate (durch den Mond bestimmt) und Jahre (nach der Sonne bemessen). Nur weil *für uns* Genesis, Kapitel 1 am Anfang unserer Bibel steht, gehen wir fälschlicherweise davon aus, dass Adam den Sabbat kannte und befolgte, ebenso wie alle anderen nach ihm. Nein! Es gibt dafür keine Anzeichen. Laut Genesis 2 und 3 hatte Adam eine Siebentagewoche. Er kümmerte sich jeden Tag um den Garten Eden. Und in der Kühle des Abends verbrachte er ein wenig Zeit mit Gott. Doch er arbeitete jeden Tag. Er hatte eine Siebentagewoche. Abraham, Isaak und Jakob waren Viehhirten, und Kühe halten keinen Sabbat. Ich weiß das; ich bin früher jeden Morgen um 4.00 Uhr aufgestanden, um 90 Kühe zu melken. Ich hätte mir gewünscht, sie würden den Sabbat halten, doch das taten sie nicht. Der Sabbat ist der Natur unbekannt. Erst durch Mose offenbarte Gott, dass er die Welt in sechs Tagen erschaffen und sich am siebten Tag freigenommen hatte. Erst ab diesem Zeitpunkt wurde der Sabbat zu einem Merkmal des täglichen Lebens. Und tatsächlich, als Mose das Gebot verkündete, den Sabbat zu halten, fügte er eine Erklärung hinzu (weil Gott die Welt in sechs Tagen erschuf), als wäre es für die Hebräer etwas Neues gewesen, als hätte er es ihnen gerade erst erklärt. Das ist also der Beweis, dass Genesis 1 Mose diktiert worden ist und vor dieser Zeit unbekannt war. Es gibt ein oder zwei weitere Anhaltspunkte dafür.

Wenden wir uns jetzt endlich dem Buch selbst zu und seinem erstaunlichen Anfangskapitel. Wir werden einige Zeit mit diesem Kapitel verbringen, und ich möchte den Rest dieser Folge seinen ersten Worten widmen: „Im Anfang... Gott." Genesis enthält viele Anfänge; den Anfang von allem anderen – außer Gott selbst! Gott nimmt hier nicht seinen Anfang, das ist ein sehr wichtiger Punkt. Gott ist bereits da, als die Bibel beginnt. Er existierte schon, als das Universum erschaffen wurde. Er war schon immer da. Es muss ein ewiges Wesen gegeben haben, das schon immer da war, um unser Universum entstehen zu lassen. Denn aus „nichts" entsteht niemals von selbst „etwas". Strapaziere ich Sie damit ein bisschen? Ich gebe Ihnen eine kleine Philosophiestunde, in hausbackener Philosophie. Nichts wird jemals von selbst zu etwas. Es muss eine Ursache geben, und diese Ursache ist ein ewiges Etwas oder ein ewiger Jemand. Die Bibel beginnt mit der Aussage, dass es ein ewiger Jemand war. Daher ist die typische Schuljungenfrage: „Wer hat Gott gemacht?" Unsinn. Das ist so, als würde man fragen, ob es einen eckigen Kreis geben kann oder ob man Eis braten könnte. Es ist Unsinn, weil es sich um eine in sich widersprüchliche Frage handelt. Gott wurde nicht erschaffen. Er hat alles andere erschaffen und war schon immer da. Sie müssen entweder sagen, er war schon immer da, ein ewiger Jemand, oder, wie Aristoteles, *es* war schon immer da, ein ewiges Etwas. Die Grundannahme der Bibel besagt, dass Gott in alle Ewigkeit existiert, dass er schon immer da war, immer da sein wird und dass er der Gott ist, der existiert. Sein Eigenname ist ein Partizip des Verbs „sein" – der Seiende. Ich habe vor einigen Jahren Gott gebeten: Herr, bitte gib mir ein englisches Wort, das dem hebräischen Jahwe entspricht, mir ein Gefühl von seiner Bedeutung vermittelt und mich begeistert. Sofort kam mir dieses Wort in den Sinn: „immer" oder „allezeit". Das kommt Gottes Namen sehr nahe, immer, er ist immer da. Er *ist* allezeit. Näher kann ich in meiner Sprache dem hebräischen Jahwe nicht kommen.

Mit anderen Worten: Die Bibel versucht niemals, die Existenz Gottes zu beweisen. Das wäre mit Blick auf die Bibel Zeitverschwendung; er ist da, er war schon immer da, davon geht man aus. Es ist, wie schon gesagt, Zeitverschwendung zu versuchen, seine Existenz zu beweisen. Er ist einfach da. Er muss nicht erklärt werden. Was erklärt werden muss ist die Existenz von allem anderen. Das ist das genaue Gegenteil des modernen Denkens, das behauptet, alles andere sei vorher dagewesen, jetzt müsste man ihm die Existenz Gottes beweisen. Im Gegensatz dazu sagt die Bibel, Gott war schon immer da und wir müssen jetzt erklären, warum es alles andere gibt, und genauso geht das Buch Genesis an diese Frage heran. Zu Moses Lebzeiten wusste natürlich jeder, dass es Gott gab. Er hatte sein Volk aus Ägypten befreit, das Rote Meer geteilt und die ägyptische Armee ertrinken lassen. Sie *wussten*, dass Gott existierte. Wenn Sie so etwas erlebt haben, brauchen Sie keine weiteren Beweise für die Existenz Gottes. Ich fürchte allerdings, der moderne Mensch braucht sie sehr wohl, weil er diese Dinge nicht erlebt hat.

Wenn Sie Hebräer 11 lesen, erfahren Sie zwei Dinge über die Schöpfung. Erstens:

„Durch den Glauben erkennen wir, dass die Welt durch Gottes Wort geschaffen ist, dass alles, was man sieht, aus nichts geworden ist." Und zweitens, etwas später, im selben Kapitel: „Wer zu Gott kommen will, der muss glauben, dass er ist und dass er denen, die ihn suchen, ihren Lohn gibt." (Hebräer 11,3+6; LUT 2017) Mit anderen Worten: Die Bibel fordert uns auf: Nimm an, dass er existiert, gehe davon aus, dass er will, dass du ihn findest, ihn kennenlernst und ihm dienst, und dann schau, was passiert. Doch beginne damit, dass du akzeptierst, dass Gott am Anfang schon da war.

Das Thema von Genesis, Kapitel 1 ist nicht die *Schöpfung*, sondern der *Schöpfer*. Das ist der erste Irrtum, dem wir unterliegen. Es geht nicht in erster Linie darum, *wie* unsere Welt entstanden ist, sondern *wer* sie erschaffen hat. Tatsächlich erscheint das Wort „Gott" in nur 31 Versen gleich 35 Mal, als wollte der Text uns sagen: Gott, Gott, Gott, Gott, es geht um Gott! Es geht nicht so sehr um die

Schöpfungsgeschichte, sondern um ein Bild des Schöpfers. Wenn Sie sich fragen, was uns Genesis 1 über Gott sagt, stoßen Sie auf eine lange Liste, und ich habe Ihnen hier eine zusammengestellt.

Erstens finde ich heraus, dass Gott persönlich ist. Er hat ein Herz, das fühlt. Er hat einen Verstand, der denkt und seine Gedanken aussprechen kann. Er verfügt über einen eigenen Willen, trifft Entscheidungen und bleibt diesen Entscheidungen treu. Alle diese Eigenschaften bilden eine Persönlichkeit. Gott ist kein *es*, Gott ist ein *er*. Er ist eine vollwertige Person mit Gefühlen, Gedanken und Beweggründen, wie wir sie auch haben. Zweitens, Gott ist mächtig. Als unsere verstorbene Tochter ein kleines Mädchen war, las ich ihr Genesis 1 aus einer Kinderbibel vor, und als ich damit fertig war, saß sie einfach still da und sagte dann: „Gesagt, getan", das war ihre Zusammenfassung, eine sehr gute Zusammenfassung; welche Macht! Was für eine Macht, einfach etwas zu sagen, und es geschieht. Was für eine Autorität! Sie müssen ziemlich weit oben sein, um so etwas zu tun. Und die ersten zehn Gebote in der Bibel stehen alle in Genesis 1. Wussten Sie, dass dort zehn Gebote stehen? Zählen Sie nach. Später gab er uns die Zehn Gebote, doch die ersten zehn Gebote gab er unserem Universum.

Der nächste Punkt: Er ist unerschaffen; er ist bereits da und hat schon immer existiert. Er *ist existent*, er *ist immer*; und wie kreativ er ist, erfahren Sie, wenn Sie feststellen, dass es sechstausend Arten von Käfern gibt. Was für ein Künstler, was für eine Vorstellungskraft – kein Grashalm ist wie der andere, keine Schneeflocke gleicht der nächsten, kein Sandkorn ist wie das andere. Was für ein Einfallsreichtum, wie kreativ! Wir können Millionen von Autos herstellen, immer dasselbe Modell. Doch er hat dieses kreative Denken; diese Vorstellungskraft führt zu großer Vielfalt. Schauen Sie uns an – welche Vielfalt! Er ist ein ordentlicher Gott; die Symmetrie und die Mathematik des Universums sind so beschaffen, dass ein Jude die Formel e = mc^2 entdecken konnte, die für das gesamte Universum gilt. Es ist mathematisch derart geordnet; wir werden das später noch näher betrachten. Er ist ein einzelner Gott, denn alle Verben stehen in der Einzahl. „Im Anfang schuf Gott" – das Wort schuf steht im Singular. Doch er ist auch ein Pluralwesen, denn das Wort „Gott" steht nicht in der Einzahl, es steht in der Mehrzahl und zwar nicht in einem einfachen Plural. Hier kommen die drei Wortformen: Eloha bedeutet ein Gott, Eloheim bedeutet zwei, Elohim allerdings sind drei oder mehr, und der Begriff, der hier verwendet wird, bedeutet drei oder mehr. Im ersten Satz haben wir also am Anfang einen Schöpfergott, der drei ist und gleichzeitig einer sein muss. Ist das nicht erstaunlich? Er ist bereits im allerersten Satz ein dreieiniger Gott, und es braucht den Rest der Bibel, um zu erklären, was das bedeutet. Wie faszinierend, dass ein Dreierwort kombiniert mit Verben im Singular für Gott im gesamten ersten Kapitel von Genesis verwendet wird. Zuallererst sagt uns Genesis 1, dass er ein *guter* Gott ist. Manchmal, wenn ich sechs Monate vor einer Veranstaltung ein Predigtthema auswählen muss, ist mir das unmöglich, ich kann nicht soweit vorausdenken. Dann sage ich einfach, das Thema sei „Guter Gott", es decke alles ab, was ich sagen will. Zweimal sind daraufhin Poster mit einem furchtbaren Bild von mir verwendet worden, über dem Bild stand „Guter Gott", doch die Veranstaltungen waren überfüllt. Gott ist gut, und darum ist alles, was er macht, gut, weil er *gut ist*. Das ist die Botschaft des Buches Genesis. Lassen Sie sich bei diesem Thema nicht in die Irre führen: Das Böse ist nicht von Gott geschaffen. Er ist ein *liebender* Gott und will diejenigen segnen, die er erschaffen hat. Er ist ein *lebendiger* Gott, der in dieser Welt aktiv ist, ein *sprechender* Gott, der mit uns kommuniziert und sich eine Beziehung zu uns wünscht. Er ist ein Gott, der uns ähnelt (wenn wir nach seinem Bild geschaffen sind, dann muss er sein wie wir und wir wie er), doch er ist auch anders als wir. Denn das eine, was wir nicht tun können, ist etwas erschaffen. Wir können Dinge aus einer anderen Substanz herstellen, doch wir können nicht etwas aus nichts erschaffen. Wir können nicht „sprechen und es geschieht". Daher unterscheidet er sich von uns.

Schließlich möchte ich diese Kapitel mit dem Hinweis beenden, dass Gott niemals mit seiner Schöpfung identifiziert wird. Es gibt von Anfang an eine klare Trennung zwischen dem Schöpfer und seiner Schöpfung, das dürfen wir nie durcheinanderbringen. Die New Age Bewegung bringt diese Grundannahme durcheinander. Der Schöpfer steht eigenständig neben seiner Schöpfung. Er kann sich einen Tag freinehmen und sich ziemlich weit von allem, was er gemacht hat, entfernen. Wir dürfen ihn niemals mit dem, was er erschaffen hat, identifizieren. Seine Schöpfung anzubeten bedeutet, Götzendienst zu treiben. Den Schöpfer anzubeten ist der wahre Gottesdienst. Im nächsten Kapitel werden wir einige andere Auswirkungen dieses erstaunlichen ersten Kapitels von Genesis betrachten.

einem Nebel eingehüllt war. Tatsächlich heißt es in Genesis 2, dass ein Dunst die ganze Erde bedeckte. Als das erste Licht erschien, hätte man es nur als eine hellere Wolke wahrgenommen. Als dann jedoch die Pflanzen kamen und Kohlendioxid in Sauerstoff umwandelten, lichtete sich der Nebel. Zum ersten Mal waren Sonne, Mond und Sterne am Himmel sichtbar. Nimmt man an, dass das Erscheinen von Sonne, Mond und Sternen nach den Pflanzen daran lag, dass sich der dichte Dunst, der die Erde umgab, lichtete, dann stimmt die Wissenschaft exakt mit der Reihenfolge von Genesis 1 überein: dass Geschöpfe erst im Meer erschienen und dann an Land; dass der Mensch als letzter auftrat. In diesem Punkt gibt es eine erstaunliche Deckungsgleichheit, daher ist die Reihenfolge kein großes Problem mehr, doch der Ursprung von Tieren und Menschen ist es sehr wohl – diese ganze Frage von Evolution versus Schöpfung. Und es gibt noch andere Fragen, wie beispielsweise das Alter der Menschen, die vor der Sintflut lebten: Methusalem wurde 969 Jahre alt, er war der älteste Mann; und ein weiteres Problem ist das Ausmaß der Flut an sich.

Es ist tragisch, dass diese Probleme für den modernen Menschen im Kontext von Genesis an erster Stelle stehen. Aus diesem Grund habe ich sie nicht schon früher behandelt, weil ich glaube, wir müssen zuerst die Botschaft des Buches erfassen und diese Fragen danach angehen. Wenn Sie nur die Probleme in Genesis diskutieren, verpassen Sie die sehr wichtige Botschaft, die es uns vermittelt. Nichtsdestotrotz dürfen wir über die Meinungsverschiedenheiten nicht hinweggehen. Ich möchte mit der Aussage beginnen, dass es drei Arten gibt, wie man das Problem Wissenschaft kontra Bibel angehen kann. Es ist sehr wichtig, auf welche Weise Sie es tun werden. Die drei Arten sind: *Verwerfung, Trennung* oder *Integration*. Ich sage Ihnen von vornherein, dass ich die dritte Art für die richtige halte. Der erste Ansatz wird von naiven Christen gewählt, die sagen, Sie müssten sich entscheiden. Entweder beschließen Sie, dass die Bibel Recht hat, oder, dass die Wissenschaft im Recht ist, doch Sie müssen eine von beiden verwerfen, Sie können nicht beide akzeptieren – das macht es zu einer sehr simplen Entscheidung. Das hat zur Folge, dass Nichtgläubige die Wissenschaft wählen und Christen sich für die Bibel entscheiden – und beide ihren Kopf in den Sand stecken. Das ist nicht die Antwort auf das Problem, was u.a. daran liegt, dass die Wissenschaft in so vielem Recht behalten hat. Einfach zu behaupten, die Wissenschaft liege falsch, ist wahrscheinlich der dümmste Satz, den man in unserer modernen Welt sagen kann. Doch es ist genauso dumm zu behaupten, die Wissenschaft hätte immer Recht. Diese Methode der Verwerfung ist nicht die Antwort auf das Problem – zu sagen, eine sei richtig, die andere falsch und die Menschen vor die Wahl zu stellen. Es führt zu Unehrlichkeit. Es führt dazu, dass Menschen glauben, sie müssten intellektuellen Selbstmord begehen, um an die Bibel zu glauben. Das ist ein Fehler.

Der zweite Ansatz will Wissenschaft und Bibel soweit auseinanderhalten wie möglich. Er sagt, die Wissenschaft beschäftige sich mit einer Art der Wahrheit, die Bibel mit einer anderen. Bei der Wissenschaft gehe es demnach um physische, materielle und natürliche Wahrheiten, während sich die Bibel mit moralischen und übernatürlichen Fragen auseinandersetze. Dabei handele es sich um zwei völlig voneinander getrennte Bereiche: Die Wissenschaft erkläre uns, wie und wann die Welt entstanden sei, während die Bibel uns einfach darüber informiere, wer sie geschaffen habe und warum. Beide Sphären müssten getrennt behandelt werden, d.h. soweit auseinandergehalten werden wie möglich, dann könnten sie nebeneinander bestehen. Es ist ein ziemlich seltsamer Ansatz.

Um es modern zu formulieren: Die Wissenschaft spricht über *Fakten*, während sich die Bibel mit *Werten* beschäftigt. Daher sollten wir in der Bibel nicht nach Fakten suchen, sondern nach Werten. Das ist eine weitverbreitete Ansicht, die sogar von Predigern christlicher Gemeinden vertreten wird. Doch es ist die falsche Lösung. Sie passt zu unserem griechischen Denken, leider denken die meisten von uns wie die Griechen. Dabei halten wir das Physische und das Geistliche in zwei wasserdichten Behältern voneinander getrennt – das Heilige und das Weltliche, das Zeitliche und das Ewige. Diese Art zu denken ist dem hebräischen Verständnis fremd. Es betrachtet Gott als Schöpfer und Erlöser, daher gehören das Physische und das Geistliche zusammen. Diese Trennung ist meiner Ansicht nach auch nicht die Lösung. Sie führt dazu, dass man Genesis als Mythos betrachtet. Genesis 3 würde dann zu einer Fabel mit dem Titel „Wie die Schlange ihre Beine verlor", und Adam würde zu „Jedermann" statt zu einem Mann. Sie haben das sicherlich schon gehört; dass es sich um fiktive Geschichten handle, die uns Werte vermitteln – über Gott und über uns selbst. Sie lehrten uns, wie wir über Gott und uns selbst denken sollten – doch wir dürften nicht versuchen, sie mit historischen Fakten in Einklang zu bringen. Wenn Sie damit beginnen, Adam und Eva als Märchen zu behandeln, als eine Geschichte, die ethisch-moralische Wahrheiten enthält, jedoch keine historischen Fakten – wo hören Sie dann auf, wenn Sie in Ihrer Bibel lesen? Zuerst behauptete man, Adam und Eva seien nur Sagenfiguren, dann ging man einen kleinen Schritt weiter und sagte dasselbe über Noah. Die Flutgeschichte enthält Wahrheiten, doch nur moralischer nicht historischer Art. Als Nächstes erklärte man Abraham, Isaak und Jakob zu Figuren aus einem Mythos. Dann ging es noch weiter, und man sagte Mose sei nur eine Märchenfigur. Schließlich ist man so weit gegangen, dass es heute

Theologen gibt, die die Auferstehung und Jungfrauengeburt Jesu als reinen Mythos behandeln: Geschichten, die ein Körnchen Wahrheit enthalten. Das ist mein Problem mit diesem Ansatz: Wo hören Sie auf? Am Ende gibt es in der Bibel keine Geschichte mehr. Wir haben nur noch Werte, keine Fakten. Natürlich kann man mit dieser Sichtweise die Bibel neben dem Koran, den hinduistischen Veden und anderen Schriften einordnen, die *Werte* symbolisieren. Doch dadurch zerstört man die Bibel. Gott ist der Gott der Geschichte – sie erzählt seine Geschichte, und dabei bekommen wir Fakten zu lesen. Darüber hinaus hat Jesus Genesis als einen Tatsachenbericht akzeptiert, das habe ich schon ausgeführt. Daher ist dieser Ansatz auch keine Lösung des Problems, doch wahrscheinlich die üblichste Methode, mit der Christen versucht haben, die Ungereimtheiten zu überwinden.

Tatsächlich sind die Bibel und die Wissenschaft zwei sich überschneidende Kreise: Sie behandeln teilweise dieselben Fragen. Daher gibt es offensichtliche Widersprüche, denen wir uns stellen müssen. Wie können wir nun dieses Problem lösen? Wir können wir beide zusammenbringen? Wir müssen uns zwei sehr wichtige grundlegende Fakten vor Augen führen: Erstens, die *vorübergehende* Natur der wissenschaftlichen Forschung; damit meine ich, dass sich die Wissenschaft verändert. Sie befindet sich immer im Fluss, und Dinge, die vor Jahren als wissenschaftliche Fakten galten, werden nicht mehr als solche angesehen. Die Wissenschaft ändert ihre Meinung. Früher glaubte man beispielsweise, das Atom sei die kleinste Einheit im Universum. Mittlerweile wissen wir, dass jedes Atom ein ganzes Universum enthält. Bis vor kurzem hieß es noch, dass die X- und Y-Chromosomen entscheiden würden, ob ein Fötus zu einem männlichen oder weiblichen Menschen heranreifen würde. Mittlerweile wurde diese Ansicht widerlegt. Sie müssen ständig Ihre Ansicht ändern, um Schritt halten zu können. Die Entdeckung der DNS hat unsere Sicht des Lebens revolutioniert. Jetzt wissen wir nämlich, dass die frühste Lebensform über die komplizierteste DNS verfügte und dass die DNS eine Sprache ist. Es ist keine zufällige Kombination; es ist eine Sprache, die eine Botschaft von einer Generation zur nächsten weitergibt. Aus diesem Grunde muss eine Person dahinterstecken. Das verändert die Ansichten vieler Menschen. Die Wissenschaft verändert sich also. Sie befindet sich in einem vorübergehenden Zustand.

Die Geologie verändert sich. Ich habe einen Artikel von dem Wissenschaftskorrespondenten der *Times* gelesen. Er schreibt, dass es mittlerweile sieben verschiedene Methoden gibt, das Alter der Erde zu bestimmen: Carbon 14, radiogenes Helium, Abschwächung des Magnetfeldes, Nickelkonzentration im Ozean, etc. Er listete auch die Daten auf, die diese neuen Methoden offenbart hätten. Interessanterweise beträgt die kürzeste 9000 Jahre und die längste 175 000 Jahre, nicht viereinviertel Milliarden. Wer hat nun Recht? Ich weiß es nicht. Ich meine, wir sollten abwarten, bis die Wissenschaftler bei vielen wichtigen Fragen zu einer Lösung gekommen sind. Die Anthropologie ist in einem chaotischen Zustand. Was wir für prähistorische Menschen hielten, unsere Vorfahren, werden nicht mehr als unsere Vorfahren angesehen, sondern als Geschöpfe, die kamen, gingen und wieder verschwanden. Die Biologie hat sich erneut verändert. Heute glauben sehr wenige Menschen an die Evolutionstheorie von Charles Darwin. Das ist also der erste Punkt, der mir wichtig ist: Die Wissenschaft ändert ihre Meinung. Die Bibel an einem bestimmten wissenschaftlichen Forschungsstand festzumachen würde bedeuten, dass sie in der nächsten Generation wieder verworfen würde.

Das Zweite, was ich behandeln möchte, ist genauso wichtig. Die traditionellen Interpretationen der Bibel können sich auch verändern. Die Bibel ist zwar von Gott inspiriert, doch unsere Auslegung ist es vielleicht nicht. Meiner Ansicht nach müssen wir sehr klar zwischen dem biblischen Text und unserer Interpretation dieses Textes unterscheiden. Wenn die Bibel beispielsweise von den „vier Enden der Erde" spricht, wer interpretiert das heute so, als sei die Erde eine Scheibe? Die Bibel verwendet die sogenannte Sprache des Anscheins. Sie erklärt, dass die Sonne im Osten auf und im Westen untergeht und über den Himmel wandert. Wer zieht daraus den Schluss, dass die Sonne sich um die Erde bewegt? Das hat man früher getan, doch es war eine falsche Interpretation. Es wird einfach die Sprache des Anscheins verwendet. Wir müssen unsere Interpretation der Bibel überdenken, damit wir ein wenig flexibler werden. Ich glaube, wenn wir erkennen, dass die Wissenschaft vorübergehend ist und unsere Interpretation der Bibel traditionell, dann werden wir bereit, Dinge neu zu denken.

Ich würde das gerne anhand einer Betrachtung der Tage in Genesis 1 illustrieren. Ich habe herausgefunden, dass es mindestens fünf verschiedene Arten gibt, das Wort „Tag" in der Bibel zu interpretieren, und ich werde alle fünf durchgehen und es Ihnen überlassen, welche Sie sich aussuchen möchten.

Wie schon gesagt gibt es eine kleine Diskrepanz zwischen sechs Tagen und viereinviertel Milliarden Jahren. Diese Lücke müssen wir irgendwie schließen. Wie verstehen wir das Wort „Tag" in Genesis 1? Es ist das hebräische Wort „Jom", das manchmal einen Tag von 24 Stunden beschreibt; es kann auch eine Ära bezeichnen – wie in der Redewendung: „Die Tage von Pferd und Wagen sind gezählt." Damit meine ich keine 24-Stunden-Tage, sondern die Tage von Pferd und Wagen sind vorbei. Es gibt nun fünf Arten der Interpretation. Erstens kann man das Wort „Tag" wörtlich nehmen, als einen Tag auf der Erde von 24 Stunden.

Ihr Problem ist dann, dass Sie irgendwo mehr Zeit finden müssen, und Sie werden feststellen, dass unterschiedliche Bibelkommentare drei Methoden haben, um mehr Zeit aufzutun. Die erste Methode ist, eine Lücke zwischen Vers 2 und Vers 3 zu finden, mit anderen Worten, die Erde *wurde* wüst und leer – über einen sehr langen Zeitraum – und an den sechs Tagen hat Gott das wieder in Ordnung gebracht. Das ist eine weit verbreitete Theorie; Sie finden sie in der Scofield-Bibel und in einigen anderen Kommentaren – dass die sechs Tage die Wiederherstellung einer Welt waren, die sich über einen langen Zeitraum im Chaos befand.

Eine zweite Methode besteht darin, mehr Zeit ausschließlich in der Sintflut zu finden. Dazu gibt es mehrere Bücher von den Autoren Withcombe und Morris. Sie haben gesagt, dass alle geologischen Daten, die uns vorliegen, aus der Flut kämen – nicht sehr einfach, diesen Ansatz überzeugend zu begründen. Die faszinierendste Art, mehr Zeit zu finden, ist die Annahme, Gott habe echte Antiquitäten erschaffen. Es beginnt mit der Frage, wie alt Adam war, als Gott ihn schuf? Er war kein Baby, war er also 30 Jahre alt, als er erschaffen wurde? In diesem Fall würde ihm jeder sagen, der ihm begegnete: „Du bist 30 Jahre alt." Das wäre falsch gewesen, denn er war erst eine halbe Stunde alt. Folgen Sie dieser Theorie, dass Gott echte Antiquitäten erschaffen und einen Baum machen kann, der aussieht, als wäre er 200 Jahre alt, mit allen Jahresringen? Es ist eine mögliche Theorie. Gott könnte das tun, doch alle diese Methoden sind Versuche, den „Tag" wörtlich zu nehmen und irgendwann anders mehr Zeit zu finden. Sie können sich gerne für eine dieser Interpretationen entscheiden.

Dann gibt es die, die einen „Tag" als eine geologische Epoche betrachten. Das ist eine lange Zeit, ein „Epochentag", eine ziemlich verbreitete Theorie. Daher sprechen wir nicht von sechs Tagen, sondern von sechs geologischen Epochen.

Auch den mythologischen Ansatz gibt es, den ich bereits erwähnt habe. Er sieht die sechs Tage als reinen Mythos. Es handelt sich demnach nur um den poetischen Rahmen der Geschichte, und das Wichtigste ist es, die Lektion aus der Geschichte zu lernen und den Rahmen zu vergessen, der zum Mythos dazugehört. Das heißt, es handelt sich um einen Fabel-Tag.

Einer der faszinierendsten Vorschläge stammt von Professor Wiseman von der „London University". Er glaubt, dass es sich bei diesen Tagen um „Bildungstage" handelte, d.h. Gott offenbarte Mose seine Schöpfungsgeschichte abschnittsweise. Am ersten Tag einer Woche in Moses Leben erklärte Gott, er habe das getan, und am nächsten Tag erzählte er ihm ein wenig mehr und am nächsten wieder etwas mehr und so weiter. Es waren also quasi Moses Schultage. Es gibt zwei Formen dieser Theorie; eine besagt, dass Gott die Schöpfung verbal, durch Worte offenbarte. Die andere, wirklich faszinierende meint, dass er die Schöpfung visuell zeigte – wie er es im Buch der Offenbarung mit Johannes machte – indem er Moses eine Art Bildvortrag hielt: Mose sah, wie sich das Licht von der Dunkelheit schied, dann wurde der Bildschirm schwarz; als Nächstes sah Mose ein weiteres Bild, wie die Feuchtigkeit vom Meer getrennt wurde, dann wurde der Bildschirm erneut schwarz, und im nächsten Bild sah er Pflanzen, dann Tiere und Vögel und so weiter – eine Art Slideshow, die er niederschrieb. Doch beide dieser Theorien, ob nun in Wort oder in Bild, gehen davon aus, dass diese Tage sozusagen zu Moses Unterrichtsplan gehörten.

Die letzte Interpretation besagt, dass es sich um „Tage Gottes" handelte. Die Zeit ist für Gott relativ, genau wie für uns; tausend Jahre sind für ihn wie ein Tag und ein Tag wie tausend Jahre. Daher sagte Gott: „Für mich fand die gesamte Schöpfung innerhalb einer Arbeitswoche statt. Soviel hat sie *mir* abverlangt."

Denn wenn Sie die geologische Zeit betrachten, verliert das menschliche Leben seine ganze Bedeutung. Kehren wir nochmal zur Nadel der Kleopatra zurück. Wenn die Nadel der Kleopatra das Alter unserer Erde symbolisieren würde und Sie legen eine Zehn-Pence-Münze oben flach auf die Spitze, so würde die Zehn-Pence-Münze das Alter der Menschheit repräsentieren. Legen Sie noch eine Briefmarke oben drauf, stellt ihre Dicke das Zeitalter des zivilisierten Menschen dar. Ist Ihnen bewusst, dass wir dabei jegliche Bedeutung verlieren? Wer sind wir schon? Ich glaube, Gott wollte, dass wir die Schöpfung als Werk einer Arbeitswoche verstehen, damit er schnell zum wichtigsten Punkt kommen könnte, zu *uns* auf dem Planeten Erde.

So sieht diese Theorie aus. Beachten Sie die Länge des siebten Tages, denn er hat Jahrhunderte gedauert. Er hatte das gesamte Alte Testament hindurch Bestand. Die Ruhe des siebten Tages dauerte für Gott bis Ostersonntag, als er seinen Sohn von den Toten auferweckte. Im gesamten Alten Testament wurde nichts Neues erschaffen. Gott hatte die Schöpfung beendet. Das Wort „neu" kommt selten im Alten Testament vor. Mir fällt nur eine Stelle ein: Es gibt einen Vers in den Sprüchen: „Es gibt nichts Neues unter der Sonne." Gott ruhte also während des gesamten Alten Testaments – das war ein ziemlich langer Tag!

Es gibt also fünf unterschiedliche Methoden. Sie können wahrscheinlich erraten, welche ich bevorzuge, doch ich werde es nicht darauf anlegen – dies sind Interpretationen. Gott wollte ganz bestimmt, dass wir seine Arbeit als das Werk einer Arbeitswoche betrachteten. Das ist die Botschaft, mit ihr bin ich zufrieden. Ich persönlich glaube, dass wir über „Tage Gottes" sprechen. Er zeigt uns *seinen* Blickwinkel darauf. Es war für ihn nur das Werk einer Arbeitswoche. Für ihn sind nur ein paar Tage vergangen, seit Jesus gestorben ist. Die Zeit ist für Gott real, doch sie ist für ihn auch *relativ*, das dürfen wir nicht vergessen.

Ich habe Ihnen hier nur ein Beispiel gegeben. Ich komme erst im nächsten Kapitel zur großen Frage der Evolution, weil es sich um ein so umfangreiches Thema handelt, insbesondere, wenn es den Menschen miteinschließt. Ich habe versucht, Ihnen zu zeigen, dass wir Ausleger der Bibel manchmal etwas flexibler sein und zugeben müssen, dass wir sie möglicherweise nicht richtig verstanden haben. Und ich glaube, Wissenschaftler sollten etwas demütiger sein – doch viele von ihnen *werden* demütiger, weil sie das *Zufallsprinzip* in der Natur entdecken: Nicht alles lässt sich so einfach in Gesetze von Ursache und Wirkung pressen. Die Wissenschaft wird viel flexibler. In meiner Morgenzeitung stand ein Artikel mit folgender Schlagzeile: „Steht die Wissenschaft kurz davor, die Existenz Gottes zu beweisen?" – eine erstaunliche Schlagzeile. Vor 100 Jahren hätte dort gestanden „zu widerlegen", doch es hat einen Wandel gegeben, hin zu einem Universum, das offener ist für eine persönliche Intervention und Kontrolle Gottes als zuvor. Wissenschaft und Bibel rücken in unseren Tagen also wieder näher zusammen. Das kann man nur begrüßen.

Ich glaube, die dritte Methode, die ich Ihnen gezeigt habe, nämlich Wissenschaft und Bibel zu *integrieren*, ist notwendig. Denn sowohl Wissenschaftler als auch die Bibel beschäftigen sich mit der Wahrheit. Wir alle sind der Wahrheit verpflichtet und wollen sie herausfinden, und ich glaube, die Wissenschaft hat viel Wahres über das Universum für uns entdeckt. Doch sie war nicht in der Lage, uns die wichtigsten Fakten zu vermitteln, weder über Gott noch über uns selbst. Dafür haben wir die Bibel, und ich danke Gott dafür, dass wir sie haben.

3

GESCHÖPFE UND EVOLUTION

Wir sind bis zu Genesis 2 gekommen, und es gibt noch 48 weitere Kapitel – lassen Sie uns Kapitel 2 nun im Detail betrachten. Es gibt einen radikalen Wandel im Stil, im Inhalt und vor allem in der Perspektive. Wenn Sie Kapitel 1 lesen und dann Ihre Augen schließen, haben Sie den Eindruck, als schwebten Sie direkt über der Erde, doch lesen Sie Kapitel 2 und schließen Ihre Augen, fühlen Sie sich, als stünden Sie fest auf dem Boden und blickten sich um, statt nach unten zu schauen. Das liegt daran, dass jetzt der Mensch ins Zentrum des Bildes gerückt worden ist. In Kapitel 1 steht Gott im Zentrum und alles geschieht aus seiner Perspektive, doch in Kapitel 2 wird der Mensch zum Individuum. Tatsächlich werden die allgemeinen Begriffe in Kapitel 1 durch spezifische Namen in Kapitel 2 abgelöst. In Kapitel 1 wird die Menschheit nur als Mann und Frau beschrieben. Doch in Kapitel 2 werden aus ihnen Adam und Eva, zwei besondere Einzelpersonen. Gott selbst hat in Kapitel 2 jetzt einen Namen. In Kapitel 1 war er einfach Gott, aber jetzt wird er in unseren Bibeln als Gott, der HERR beschrieben. Stoßen Sie in Ihrer Bibel auf die Bezeichnung HERR in Großbuchstaben, so bedeutet es, dass im Hebräischen dort sein Name steht. Da das Hebräische keine Vokale hat, setzt sich sein Name aus vier Konsonanten zusammen, JHWH, wovon das Wort Jehowa abgeleitet worden ist. Das ist jedoch irreführend. Im Deutschen erhält man die Buchstabenfolge

J H W H. Daraus ergibt sich der Name „Jahwe", manchmal auch „Jahweh" geschrieben. In der New Jerusalem Bible steht das Wort genauso da. Der Jahweh Gott – ich habe Ihnen bereits das deutsche Wort „immer" oder „allezeit" gegeben – es kommt diesem Partizip des Verbs „sein" sehr nahe. „Seiend", „immer" – das ist der Name. Gott hat also jetzt einen Namen, der Mann hat nun einen Namen und später im Kapitel auch die Frau. Es gibt hier Namen, nicht nur Namen von Personen, sondern auch von Orten. Wir sprechen nicht länger von dem „trockenen Land", wir sprechen über das Land Hawila, das Land Kusch und das Land Assyrien sowie den Garten Eden. Nicht nur das trockene Land wird benannt, sondern auch das Wasser, vier Flüsse werden erwähnt, von denen wir zwei heute noch kennen: den Tigris und den Euphrat. Das verortet den Garten Eden irgendwo in die Nähe der nord-östlichen Türkei oder Armeniens, irgendwo dort, wo sich immer noch der Berg Ararat befindet, und wo manche übrigens immer noch die Arche Noah suchen.

Das hilft uns also bei der Orientierung, doch die Bedeutung der Namen geht noch darüber hinaus. Sie macht die Dinge nicht nur besonders – Namen ermöglichen Beziehungen. Das wichtigste, was in Genesis 2 passiert, ist, dass der Mensch im Zentrum eines Netzwerks von Beziehungen dargestellt wird, und der Sinn des Lebens besteht für uns in Beziehungen. Diese Beziehungen haben, wie wir noch sehen werden, drei Dimensionen: Sie verbinden uns mit dem, was über uns, mit dem, was unter uns ist, und mit dem, was neben uns steht. Oder, mit anderen Worten: Wir haben eine vertikale Beziehung zu Gott über uns, eine vertikale Beziehung zur Natur unter uns und eine horizontale Verbindung zu anderen Menschen und uns selbst.

Doch bevor wir dazu kommen, lassen Sie uns noch ein paar weitere Dinge betrachten. In Kapitel 1 wird Gott einfach als Gott, *Elohim*, beschrieben, was drei bedeutet, allerdings drei in einem, mit Verben im Singular, wie wir schon gesehen haben. Gott ist dem Menschen ähnlich, weil der Mensch wie Gott gemacht ist. Das ist eine sehr wichtige Einsicht. Es gibt eine Verbundenheit zwischen Gott und Mensch, die dem Rest der gesamten Schöpfung fehlt. Kein Tier verfügt darüber. Sie haben noch nie einen Schimpansen beten sehen. Etwas in uns unterscheidet sich von jedem anderen Geschöpf auf der Erde; und dieses Etwas bedeutet, dass wir dem Schöpfer auf einzigartige Weise ähnlich sind. In Genesis 2 scheint sich der Schwerpunkt zu verschieben, hin zum Unterschied zwischen Gott und Mensch – dass er anders ist als wir und wir anders sind als er. Wir müssen diese beiden Tatsachen in ein ausgewogenes Verhältnis bringen. Wir sind wie Gott, jedoch nicht genau gleich. Er ist wie wir und doch anders. Und diese Balance müssen wir aufrechterhalten, um mit ihm eine gute Beziehung pflegen zu können. Die Tatsache, dass er uns ähnelt, bedeutet, dass unsere Beziehung zu ihm innig sein kann, doch der Fakt, dass er anders ist als wir, wird dazu führen, dass wir nicht die Ehrfurcht vor ihm verlieren. Diese Ausgewogenheit zwischen Innigkeit und Ehrfurcht ist sehr wichtig, insbesondere in unserer Anbetung. Sie können mit Gott zu plump vertraulich umgehen, als wäre er nur ein weiteres Gemeindemitglied. Sie können aber auch zu ehrfürchtig werden, sich in sich selbst zurückziehen und es nicht über sich bringen, ihn Vater zu nennen. Er ist der heilige Vater im Himmel; er ist uns ähnlich und gleichzeitig unähnlich, wir sind ihm ähnlich und unähnlich und wir müssen diese Ausgewogenheit beibehalten. Die ersten beiden Kapitel helfen uns dabei.

Der Name „Adam" bedeutet „Erdling", er zeigt, aus welchem Material Gott den ersten Menschen machte, daher heißt er Erdling und seine Frau „Lebendig" oder, für Sie, Eva. Es handelt sich um beschreibende Namen, die Namen der Bibel sind ausnahmslos beschreibend. Sie sind sogar lautmalerisch, das bedeutet, der Name klingt so, wie die Laute, die das betreffende Wesen ausstößt. Der Kuckuck zum Beispiel, das ist ein lautmalerisches Wort. Als der Mensch die Tiere benannte, wie Gott es ihm aufgetragen hatte, verwendete er Beschreibungen für die Tiere, und daraus wurden ihre Namen. Biblische Namen sind nicht nur beschreibend, sondern sie tragen auch Autorität in sich. Mit anderen Worten: Wer einen Namen gibt, hat die Autorität über die Person oder die Sache inne, die den Namen empfängt. Adam benannte also alle Tiere und zeigte dadurch seine Autorität über sie, und er benannte übrigens auch seine Frau; das gibt es bei Hochzeiten noch immer, wenn die Frau den Namen des Mannes annimmt. Das hat tiefgreifende Auswirkungen. Namen sind also wichtig, und in Genesis 2 beschäftigen wir uns sofort mit Namen der einen oder anderen Art.

Betrachten wir nun die drei Dimensionen menschlicher Beziehungen. Die erste ist die Beziehung, die wir zu anderen Geschöpfen haben, die Gott gemacht hat, sie besteht darin, dass wir sie uns untertan machen. Gott hat uns die Tiere gegeben, damit sie uns dienen sollen. Das bedeutet nicht, wir hätten die Erlaubnis bekommen, sie grausam zu behandeln oder sie auszurotten. Es bedeutet jedoch, dass Tiere auf der Werteskala weiter unten stehen als menschliche Wesen. Das ist wichtig, besonders in diesen Tagen der totalen Verwirrung. Ich weiß noch, wie ich Frauen auf einem Protestmarsch in Australien gegen die Tötung von Babyrobben sah. Ich weiß, dass dieselben Frauen nicht zögern würden, eine Abtreibung vorzunehmen. Wir leben in einer verrückten Welt, in der das Leben einer Babyrobbe mehr zählt als ein menschliches Wesen. Jesus hat 2000 Schweine geopfert, um die geistige Gesundheit eines Mannes wiederherzustellen und ihn seiner Familie zurückzugeben. Wir müssen die Verhältnismäßigkeit wiederherstellen. Das bedeutet nicht, dass wir Tiere so behandeln dürften, als hätten sie keine Gefühle. Doch es bedeutet, dass es eine Werteskala gibt, und die Tiere wurden dem Menschen unterstellt, um ihm zu dienen. Später sollten sie, wie wir noch sehen werden, dem Menschen zur Nahrung dienen. Gott hob die vegetarische Lebensweise der Schöpfung nach der Sintflut auf. Sie erinnern sich bestimmt: In Genesis 1 und 2 verordnete Gott dem Menschen eine vegetarische Diät, die aus Früchten und Samen bestand, und erschuf die Tiere als Pflanzen- und nicht als Fleischfresser. Das ist auch ein wichtiger Aspekt.

In Beziehung zur Natur unter uns sollen wir unsere Autorität über die Natur wahrnehmen, sie beherrschen und daher beeinflussen. Wir sollen die Natur kultivieren und kontrollieren. Interessanterweise braucht der Mensch eine Umwelt, die sowohl nützlich als auch ästhetisch ist, die zweckmäßig und schön ist. Gott setzte den Menschen nicht in die Wildnis. Er legte für ihn einen Garten an, der sowohl ästhetisch als auch zweckmäßig war, ähnlich den alten Landhausgärten in England mit ihrer Mischung aus Stiefmütterchen und Kartoffeln, das Nützliche Seite an Seite mit dem Schönen. Der Mensch braucht mehr als Zweckmäßigkeit, er braucht mehr als Nahrung. Er braucht Schönheit in seinem Umfeld, denn in ihm ist ein Sinn für Schönheit angelegt. Ich habe noch nie einen Hund auf einen Sonnenuntergang starren sehen und ihn sagen hören: „Ist das nicht wunderbar?" In uns ist etwas Gottesähnliches angelegt, das mehr als die bloße Existenz braucht. Wir brauchen es, Dinge zu schätzen und zu genießen statt nur zur überleben.

Die zweite Beziehung betrifft Gott, der über uns steht, und die beiden Bäume im Garten sind in diesem Kontext sehr wichtig. Einer von ihnen ließ Sie länger leben, der andere kürzer. Diese beiden Bäume sind keine magischen Bäume, ich würde sie „sakramentale Bäume" nennen. Gott kann physische Kanäle festlegen, durch die er uns geistliche

Segnungen oder Flüche übermittelt. Aus diesem Grund kann der Genuss von Brot und Wein auf die falsche Art beim Abendmahl dazu führen, dass Sie krank werden und sogar sterben. Brot und Wein sind nicht magisch, sondern Gott hat diese realen Kanäle zum Segen oder zum Gericht bestimmt, daher sehe ich nichts Merkwürdiges an Bäumen mit so tiefgreifenden geistlichen Auswirkungen. Auch hier handelt es sich um das sakramentale Prinzip. Gott benutzt das Physische, um uns das Geistliche zu vermitteln. Ein Baum, der Baum des Lebens, sagt mir, dass Adam und Eva nicht von Natur aus unsterblich waren, jedoch die Fähigkeit zur Unsterblichkeit hatten. Sie wären nicht durch eine ihnen innewohnende Eigenschaft unsterblich geworden, sondern durch den freien Zugang zum Baum des Lebens *hätten* sie ewig leben können. Bisher hat noch kein Wissenschaftler herausfinden können, warum wir sterben müssen. Man hat schon viele Todesursachen entdeckt, doch warum wird die biologische Uhr in uns langsamer? Schließlich ist der menschliche Körper doch eine wunderbare „Maschine". Wenn wir ihn mit Nahrung, frischer Luft und Bewegung versorgen, könnte er sich immer wieder erneuern. Ich wechsle alle paar Wochen meine Haut. Der Staub in Ihrem Schlafzimmer besteht hauptsächlich aus Ihrer abgeschuppten Haut, und Sie können fortlaufend zerbrochene Körperteile ersetzen – eine erstaunliche Maschine. Warum kann es nicht immer so weitergehen? Kein Wissenschaftler kann uns das erklären. Die Forscher versuchen, das Elixier des Lebens zu finden, das Geheimnis, wie wir die Uhr am Laufen halten könnten. Doch das Geheimnis lag im Baum des Lebens. Gott ermöglichte es den Menschen, ewig zu leben, indem er diesen Baum für sie in den Garten pflanzte. Der Mensch war nicht von Geburt an unsterblich, doch er erhielt die Möglichkeit, unsterblich zu werden. Dazu hätte er sich von Gottes ständigem Lebensvorrat ernähren müssen.

Der andere Baum war ebenfalls ein sehr bedeutsamer. Wenn Sie das Wort „Erkenntnis" lesen, müssen Sie es durch das Wort „Erfahrung" ersetzen. Denn die biblische Erkenntnis ist persönliche Erfahrung. Adam *erkannte* Eva, und sie empfing und gebar einen Sohn. Das bedeutet Erkenntnis im biblischen Sinne. Es ist eine persönliche Erfahrung, die man mit einer Person oder einer Sache macht; zu *kennen*. Gott sagte, ich will nicht, dass ihr Gut und Böse kennt, oder einfach ausgedrückt, ich will, dass ihr eure Unschuld bewahrt. Die Tragödie ist, dass jeder einzelne von uns seine Unschuld auf die eine oder andere Art verloren hat, weil er einmal etwas Falsches getan hat, und danach sind wir nie wieder dieselben. Wir können Vergebung empfangen, doch unsere Unschuld haben wir verloren. Es ist fürchterlich, diese Unschuld zu verlieren, denn Unschuld und Glück gehören zusammen. Darum hat Paulus gesagt: Was das Böse betrifft, möchte ich lieber unschuldig sein wie ein Baby. Unschuld ist Glück, und Gott wollte, dass Adam und Eva ihre Unschuld behielten. Warum hat Gott dann einen solchen Baum in ihre Reichweite gestellt? Es war seine Art, ihnen zu sagen: Ich behalte die moralische Autorität über euer Leben. Mit anderen Worten, ihr entscheidet nicht selbst, was richtig und falsch ist, sondern ihr vertraut darauf, dass ich es euch sage. Und natürlich hoffen alle Eltern, dass ihre Kinder genau das tun werden. Sie hoffen, dass Ihre Kinder nicht auf die harte Tour herausfinden müssen, was ihnen schadet. Sie hoffen, dass sie Ihnen vertrauen und sich vom Bösen fernhalten, darin besteht Ihre elterliche Autorität. Gott sagt zu den Menschen, die er geschaffen hat: Ihr seid nicht die Herren der Erde, sondern nur ihre Mieter oder Pächter. Ich bin der Hausherr und behalte mir das Recht vor, euch zu sagen, was gut und was schlecht für euch ist. Das Problem ist, dass die meisten von uns, ja wirklich alle von uns, auf die eine oder andere Art dafür nicht empfänglich sind; wir werden versuchen, selbst herauszufinden, ob etwas gut oder schlecht ist. In der Folge verlieren Sie Ihre Unschuld, Sie können nie wieder dieselbe Person sein. Tragisch. Dafür stand also dieser Baum. Er sagte: Gott ist immer noch eure moralische Autorität. Ich entscheide immer noch, was gut und schlecht für euch ist.

Schließlich die Beziehung zu den Menschen in unserem Umfeld. Der Mensch braucht nicht nur die Beziehung zu dem, was unter ihm steht, und zu dem, der über ihm ist, sondern er braucht auch jemanden an seiner Seite. Wir brauchen horizontale Beziehungen. Es ist ziemlich traurig, wenn ein Rentner nur noch mit seiner Katze kommuniziert. Etwas zutiefst Menschliches fehlt. Wir sind auch nicht ganz Mensch, wenn wir nur Beziehung zu Gott pflegen, jedoch nicht zu anderen Menschen. Wir brauchen ein *Netzwerk*. Ich liebe das Wort *Schalom*, ich schreibe es immer vor meinen Namen, wenn ich ein Buch signiere. Schalom ist ein wunderschönes Wort: Es bedeutet Harmonie – Harmonie mit sich selbst, Harmonie mit Gott, Harmonie mit anderen Menschen und mit der Natur. Es gibt nichts Besseres, das man einem Menschen wünschen könnte, oder? Hier in Genesis 2 haben wir ein Bild dieser Harmonie, und Gott warnt Adam: Wenn du diese Harmonie zerbrichst, musst du sterben. Nicht zwingend sofort, doch die innere Uhr wird irgendwann ablaufen. Der Grund, warum Gott dies sagte, ist sehr einfach. Es scheint eine schwere Strafe für eine kleine Sünde zu sein, doch Gott sagt damit: Hast du einmal das Böse persönlich erlebt, muss ich die Länge deines Lebens begrenzen, sonst würde das Böse ewig bestehen. Erkennen Sie den Sinn dahinter? Würde Gott rebellischen Menschen erlauben, ewig zu leben, würden sie sein Universum in alle Ewigkeit ruinieren. Daher muss er denen eine Grenze setzen, die seine moralische Autorität nicht anerkennen.

Der Mensch braucht also diese horizontale Beziehung –

einen passenden Begleiter –, und wieviel einem ein Haustier auch bedeuten mag, ein Hund, eine Katze oder ein Vogel können niemals die persönliche Freundschaft mit anderen Menschen ersetzen. In Genesis 1 haben Mann und Frau dieselbe Würde und, wie wir später noch sehen werden, auch dieselbe Verdorbenheit und dieselbe Bestimmung. Lassen wir uns nicht täuschen, die erste Aussage über Mann und Frau in der Bibel lautet, dass beide nach dem Bild Gottes geschaffen wurden. Doch in Genesis 2 wird deutlich, dass sie unterschiedliche Funktionen haben. Uns fallen vier Dinge auf, die das Neue Testament ausnahmslos aufgreift.

Erstens: Die Frau ist *aus dem Mann* geschaffen. Sie leitet daher ihre Existenz von ihm ab. Zweitens, die Frau wird *nach dem Mann* geschaffen; daher trägt er die Verantwortung des Erstgeborenen. Die Bedeutung dieser Tatsache wird in Genesis 3 deutlich. Dort wird Adam der Sünde beschuldigt, nicht Eva. Er war für sie verantwortlich. Drittens, sie wurde *für ihn* geschaffen. Adam hatte einen Job, bevor er seine Frau bekam, und der Mann ist hauptsächlich für seine Arbeit geschaffen, die Frau hingegen in erster Linie für Beziehungen. Das bedeutet nicht, dass ein Mann keine zwischenmenschlichen Beziehungen haben darf oder dass eine Frau nicht arbeiten gehen kann. Es geht um die Frage, zu welchem *Hauptzweck* Gott Mann und Frau erschaffen hat. Und die Tatsache, dass der Mann der Frau ihren Namen gab, zeigt auch, wie diese Partnerschaft funktionieren sollte: nicht als eine Demokratie. Wie könnte das auch klappen, wenn es doch nur zwei Stimmen gibt und jeder eine hat? In dieser Partnerschaft trägt einer die Verantwortung – statt das Recht – zu leiten, und so sollte sie funktionieren, in Kooperation. Die Partnerschaft wird zu einem Kampf, wenn die Leitung des Mannes in einer Beherrschung der Frau ausartet; das führt nur zu einer Trotzhaltung bei der Frau und die Harmonie zerbricht.

In Genesis 2 werden viele Dinge gesagt, die höchst relevant sind, zum Beispiel: Sex ist gut, er wird nicht S-Ü-N-D-E buchstabiert, Sex ist wunderschön. Tatsächlich bezeichnete Gott ihn als „sehr gut". Der Geschlechtsverkehr wurde für die Partnerschaft erfunden und nicht in erster Linie für die Elternschaft. Das ist ein wichtiger Punkt, der sich auch auf die Frage der Empfängnisverhütung auswirkt. Der richtige Rahmen für sexuelle Freuden ist die Monogamie, es bedeutet, mit einer Person für den Rest Ihres gemeinsamen Lebens verheiratet zu sein. Die Ehe besteht aus zwei Dingen, dem Verlassen und dem Anhängen, d.h. es gibt sowohl einen physischen als auch einen sozialen Aspekt, beide gemeinsam machen eine Ehe aus. Fehlt einer davon, kann man nicht von einer Ehe sprechen. Geschlechtsverkehr ohne soziale Anerkennung ist keine Ehe, sondern Unzucht. Soziale Anerkennung ohne Vollzug der Ehe ist ebenfalls keine Ehe und sollte daher annulliert werden. Ein wichtiger Aspekt ist, dass die Ehe Vorrang vor allen anderen Beziehungen hat. Es gäbe keine Witze über Schwiegereltern, wäre dieser Punkt in der Menschheitsgeschichte beherzigt worden. Der Ehepartner einer Person hat Priorität vor allen anderen, selbst vor den Kindern. Ehemann und Ehefrau müssen sich gegenseitig als höchste Priorität sehen. Das Idealbild in Genesis 2 zeigt ein Paar, das keine Geheimnisse voreinander hat, keine Scham empfindet und sich in völliger Offenheit begegnet – ein erstaunliches Bild. Auf dieses Bild würde Jesus sich Jahrhunderte später beziehen. Es gibt viele weitere Aspekte, die ich erwähnen könnte.

Wir sehen also einen Menschen in diesem Raster von Beziehungen, mit einem Gott über ihm, einer Gefährtin an seiner Seite und der Natur unter ihm; was unter ihm steht, soll er beherrschen, dem über ihm soll er sich unterordnen und mit seinem menschlichen Gegenüber soll er gegenseitige Unterstützung leben. So sieht das Bild aus. Es zeigt die drei grundlegenden Beziehungen, die jeder Mensch braucht und die er hinbekommen muss. Wir werden noch sehen, wie jede dieser Beziehungen verdorben wird, als die Sünde in die Welt kommt. Das gesamte Netzwerk zerbricht. Das ist also Genesis 2. Es betrachtet den Menschen in seinem Kontext als Geschöpf innerhalb der Schöpfung. Die Botschaften dieses Kapitels sind sehr klar und gleichzeitig sehr notwendig. Allerdings gibt es wissenschaftliche Probleme, zwei im Besonderen, die wir hier kurz betrachten sollten. Das eine ist die Frage: Wo ist der Urmensch einzuordnen? Mit anderen Worten, die Beziehung des modernen Menschen zum Urmenschen. Und die andere Frage ist natürlich eine noch viel wichtigere: Ist der Mensch direkt und physisch mit der Tierwelt verwandt? Es geht also um die Frage der Evolution. Es wäre viel einfacher, über die Evolution zu diskutieren, wenn sie sich auf Pflanzen und Tiere beschränken würde. Erst die Ausdehnung dieser Theorie auf den Menschen hat die große Krise hervorgerufen und die entscheidende Frage aufgeworfen.

Betrachten wir zunächst unsere Beziehung zum Urmenschen. Verschiedene Überreste wurden gefunden, verbunden mit der Behauptung, das menschliche Leben habe in Afrika statt im Nahen Osten begonnen, wo die Bibel es verortet – das wirft alle möglichen Fragen auf. Wir müssen die Beziehung vom modernen Menschen zum prähistorischen Menschen untersuchen. Was sagt die Wissenschaft dazu, was sind die Aussagen der Bibel und können sie in Übereinstimmung gebracht werden?

Betrachten wir zunächst, was die Bibel zum Ursprung des Menschen sagt. Sie macht sehr deutlich, dass der Mensch aus demselben Material geschaffen wurde wie die Tiere. Die Tierwelt wurde aus dem Staub der Erde gemacht. Auch wir bestehen aus genau denselben Mineralien, die in der Erdkruste zu finden sind. Ich schätze, die Mineralien in meinem Körper haben ungefähr einen Wert von 85 Cent; das förderte mein Selbstbewusstsein nicht wirklich, doch ich weiß, dass alle diese Elemente zurück in die Erde gelangen werden, entweder schnell durch Einäscherung oder langsam durch Erdbestattung. Sie werden dorthin zurückkehren, wo sie hingehören und wo sie hergekommen sind. Der Mensch und die Tiere sind also aus demselben Material gemacht. Der Mensch wurde zu einer lebenden Seele, als Gott den Staub anblies, lassen Sie sich durch dieses Wort „Seele" jedoch nicht irreführen. Genau dieser Begriff wird in Genesis 1 auch für die Tiere verwendet. Sie werden „lebende Seelen" genannt, weil im Hebräischen das Wort „Seele" einfach nur einen atmenden Körper beschreibt. Da sowohl Tiere als auch Menschen beide als „lebende Seelen" bezeichnet werden, gehören sie zu derselben Art von Lebewesen. Wir sind atmende Körper. Darum setzen wir, wenn wir in Seenot geraten, den Notruf SOS (*Save Our Souls*, Rettet unsere Seelen) und nicht SOB (*Save our Bodies*, Rettet unsere Körper) ab. Damit meinen wir: Rettet meinen atmenden Körper – das ist die hebräische Ausdrucksweise.

Lord Soper wurde eines Tages an der Speaker's Corner im Hyde Park gefragt: „Welche Form hat Ihre Seele?" Er antwortete: „Länglich." Das ist gute Theologie. Ich bin eine längliche Seele. Ich werde eines Tages in einer länglichen Kiste beerdigt – das ist die Form meiner Seele. Dann fragte der Mann weiter: „Und wo ist die Seele im Körper?" Er antwortete: „Dort, wo die Musik in der Orgel sitzt!" Auch das war gute Theologie, denn Sie können eine Orgel oder ein Klavier in seine Einzelteile zerlegen, doch Sie werden die Musik nicht finden. Sie ist nur da, wenn eine Person das Musikinstrument zum Leben erweckt. Das ist ein wichtiger Punkt, denn das Wort „Seele" in Genesis 2 hat viele Leser irregeführt. Sie glauben, dass die Seele den Menschen einzigartig macht. Nein, das Wort Seele bezeichnet einfach nur einen atmenden Körper. Allerdings macht Genesis 2 meiner Ansicht nach sehr deutlich, dass der Mensch eine *besondere* Schöpfung ist. Das scheint mir mit der Auffassung unvereinbar zu sein, dass der Mensch und die Menschenaffen aus derselben Familie stammten, daher gibt es hier eine direkte Kollision. Die Aussage, dass er nach dem Bilde Gottes geschaffen wurde, direkt aus dem Erdboden und nicht aus einem Tier, als Gottes Ebenbild, versetzt ihn in eine sehr besondere Kategorie. Wie ich schon erwähnt habe, wird das hebräische Wort *bara* (schuf) dreimal verwendet, für die Materie, das Leben und den Menschen, das deutet darauf hin, dass es sich beim Menschen um etwas ganz Neues und Einzigartiges handelt.

Das historische Verständnis des Menschen betont die Zusammengehörigkeit der Menschheit. Der Apostel Paulus erklärte den Athenern, dass Gott uns aus „einem Blute" geschaffen habe, und das stimmt. Ich weiß, dass es verschiedene Arten von Blut gibt, doch alles in der Geschichte weist auf die Einheit der Menschheit in der Gegenwart hin. Ich habe ein wenig Landwirtschaftsarchäologie studiert. Interessanterweise verortet sie die Anfänge des Getreideanbaus und der Haustierhaltung genau dort, wo die Bibel den Garten Eden lokalisiert. Die frühsten Spuren der Landwirtschaft finden wir im Nordosten der Türkei oder im südlichen Armenien, genau dort, wo der Garten Eden war. Ich halte das für einen interessanten Nebenaspekt.

Doch wenn wir uns fragen, was die Wissenschaft dazu sagt, würden uns viele auf diese falsche Antithese verweisen. Hat die Wissenschaft sich bei der Erforschung des Urmenschen geirrt, oder versorgt uns die Bibel mit falschen Informationen? Wieder einmal werden wir vor die Wahl gestellt, eine der beiden Thesen zu verwerfen. So war beispielsweise der *Piltdown-Mensch* (in Sussex) eine Fälschung – man fand heraus, dass es sich um den

Kieferknochen eines Schweins handelte, und viele Christen bejubelten diese Entdeckung, riefen „Halleluja" und sagten: „Da seht ihr es, die Wissenschaft hat sich geirrt." Doch wir müssen ehrlich bleiben und erkennen, wer herausfand, dass es sich um eine Fälschung handelte; die Wissenschaft hat es getan. Ihr Christen könnt euch nicht die Rosinen herauspicken; ihr könnt nicht sagen, die Wissenschaft liege falsch, weil Piltdown eine Fälschung war, wenn gerade die Wissenschaft diese Fälschung aufgedeckt hat. Wir müssen bei diesem Thema ehrlich bleiben; zweifellos hat die Wissenschaft Überreste gefunden, die uns erstaunlich ähnlichsehen. Sie tragen verschiedene Namen: Neandertaler, Peking-Mensch, Java-Mensch, australischer Urmensch. Die Leakeys behaupten jetzt, menschliche Überreste in Afrika gefunden zu haben, die vier Millionen Jahre alt sind. Daher geht man fast überwiegend davon aus, dass die Ursprünge des Menschen in Afrika entdeckt wurden und nicht im Nahen Osten.

Die Datierungen sind sehr interessant. Der *Homo sapiens* soll 30.000 Jahre alt sein; der Neandertaler 40-150.000 Jahre; der „Mann von Swanscombe" 200.000 Jahre; der *Homo erectus* (China- und Java-Mensch) 300.000 Jahre; der Australische Urmensch 500.000 Jahre; und schließlich kommt der Afrikanische Mensch mit 4 Millionen Jahren. Wie können wir uns nun dazu positionieren?

Als Erstes sollte man sehr stark betonen, dass bisher kein Wesen gefunden wurde, was sich als Halb-Affe und Halb-Mensch herausgestellt hätte. Es gibt *menschliche* Überreste aus prähistorischer Zeit, aber bis dato gibt es nichts, was als *halb und halb* bezeichnet werden könnte. Zweitens muss man beachten, dass nicht alle diese Gruppen unsere direkten Vorfahren sind. Diese Tatsache wird mittlerweile von Wissenschaftlern anerkannt. Die Anthropologie ist heute im Wandel begriffen, und es handelt sich nicht um unsere Vorfahren. Drittens folgen die gefundenen Überreste keiner progressiven Ordnung. Haben Sie auch Schaubilder gesehen, auf denen eine Art Affe sich schrittweise aufrichtet und einen größeren Kopf bekommt? Ich könnte dasselbe mit Flugzeugen darstellen. Würde ich Ihnen ein Bild von der Entstehung eines Überschallflugzeugs zeigen, sähe das so überzeugend aus, doch es hat sich nicht von selbst dazu entwickelt. Einfach nur ein Bild von der Entwicklung zu zeigen beweist noch gar nichts. Tatsächlich beweist ein solches Bild, dass ein intelligentes Wesen dieses Flugzeug gemacht hat. Einige der früheren menschlichen Überreste verfügten über größere Gehirne, als wir sie heute haben, und gingen aufrechter. Mittlerweile ist man sich einig, dass keine dieser Gruppen zu uns als *homo sapiens* gehört. Wie gehen wir nun damit um? Es gibt drei mögliche Wege. Erstens, der Urmensch war der biblische Mensch – geschaffen als Gottes Ebenbild. Manche behaupten sogar, dass Genesis 1 der „altsteinzeitliche Jäger" war, während Genesis 2 den „jungsteinzeitlichen Bauern" darstellt.

Das ist eine Möglichkeit. Zweitens, der Urmensch verwandelte sich irgendwann in den biblischen Menschen. Irgendwann wurde dieser tierähnliche Mensch oder dieses menschenähnliche Tier zu einem Ebenbild Gottes. Ob sich nur ein einziges Wesen veränderte oder alle wird weiterhin diskutiert, was noch mehr Debatten nach sich zieht.

Die dritte Möglichkeit ist, dass der Urmensch nicht der biblische Mensch war. Der Urmensch sah uns mehr oder weniger ähnlich und verwendete Werkzeuge, doch es gibt keine offensichtlichen Spuren der Religionsausübung oder des Gebets. Er war nicht nach dem Bilde Gottes geschaffen. Welche dieser drei Möglichkeiten ist nun richtig? Ich werde Ihnen nicht sagen, welche ich für zutreffend halte. Denn ich habe den Eindruck, dass die Anthropologie sich gerade derart im Wandel befindet, dass wir die Frage nicht beantworten müssen. Doch selbst wenn wir es könnten, macht es wirklich einen Unterschied? Dabei muss ich an die beiden Schimpansen denken, die miteinander stritten. Dabei sagte einer zum anderen: „Bin ich der Bruder meines Hüters?"

Wenden wir uns nun der Evolution zu, sie ist das große Problem, und zwar nicht die Fragestellung unserer Verwandtschaft mit dem Urmenschen, sondern die Frage, in welcher Beziehung wir zu den Tieren stehen. Ich muss Ihnen ein paar Begriffe erläutern, bevor wir weitermachen, damit wir wissen, worüber wir reden. Die meisten gehen davon aus, dass die Evolutionstheorie von Charles Darwin stammt. Das ist nicht korrekt. Aristoteles (384–322 v.Chr.) ließ sich diese Idee als Erster einfallen. In der Moderne war es Erasmus Darwin, der anfing, sie zu propagieren, Charles' Großvater, doch Charles griff sie dann von seinem atheistischen Großvater auf und machte sie bekannt. Es gibt ein paar Begriffe, die wir kennen müssen. Der erste ist *Variation*, der Glaube daran, dass es kleine, schrittweise Veränderungen der Form gibt, die an jede nachfolgende Generation weitergegeben werden. Jede Generation verändert sich ein bisschen und gibt diese Veränderung weiter. Zweitens erfolgt aus diesen Variationen dann eine *natürliche Selektion*. Das bedeutet, dass diejenigen überleben, die ihrer Umwelt am besten angepasst sind. Mit anderen Worten, vor dem Hintergrund der Kohleberge im Nordosten Englands war die Tarnfarbe des schwarzen Nachtfalters günstiger als die des weißen. Daher starben die weißen Falter aus und die schwarzen überlebten. Seit die Abraumhalden in meiner Heimat, dem Nordosten, abgebaut worden sind, kehren die weißen Falter zurück und die schwarzen verschwinden. Wer passt sich am besten seiner Umwelt an? Die natürliche Selektion sorgt dafür, dass die überleben, die sich am besten angepasst haben. Diese Selektion ist „natürlich", weil sie ohne Hilfe von außen in der Natur automatisch abläuft; die

Natur selbst wählt die Arten, die besser geeignet sind, aus. Doch dieser langsame und schrittweise Prozess hat sich jetzt verändert. Ein Franzose namens Lamarck behauptete, dass es anstelle von allmählichen Abweichungen zu plötzlichen und großen Veränderungen gekommen sei, die er *Mutationen* nannte. Der Fortschritt ähnelt dann mehr einem Treppenaufgang als einer Rolltreppe. Diese beiden Dinge werden kontrovers diskutiert.

Es gibt noch zwei weitere Begriffe, und dann können wir das Thema genauer betrachten. Der erste, die *Mikro-Evolution*, besagt, dass es begrenzte Veränderungsprozesse innerhalb bestimmter Tiergruppen gibt, beispielsweise in der Gruppe der Pferde oder der Hunde. Die Wissenschaft hat ganz sicher die Mikro-Evolution bewiesen. Die *Makro-Evolution* glaubt jedoch, dass alle Tiere denselben Ursprung haben und alle miteinander verwandt sind. Sie alle gehen auf dieselbe primitive Lebensform zurück, die sich zu einem immer komplexeren Wesen entwickelt hat. Ein anderes Wort, das ich Ihnen vorstellen möchte, heißt *Kampf. Es* geht um das Überleben des Stärkeren. Dieses Konzept hat im zwanzigsten Jahrhundert zu mehr *menschlichem* Leid geführt als irgendeine andere Idee. Das werde ich Ihnen gleich zeigen.

Ich werde nicht für oder gegen die Evolution Partei ergreifen. Allerdings möchte ich darauf hinweisen, dass sie immer noch eine Theorie ist. Man hat sie bisher nicht beweisen können. Je mehr fossiles Beweismaterial wir finden, desto unwahrscheinlicher wird es, dass sie adäquat erklären kann, wie die verschiedenen Formen des Lebens entstanden sind. So erscheinen beispielsweise bei den Fossilien während der kambrischen Periode die Mehrzahl verschiedener Gruppen zeitgleich und recht schnell. Sie treten nicht nacheinander in verschiedenen Zeitaltern auf, sondern kommen fast gleichzeitig zum Vorschein. Zweitens erscheinen die komplexen und einfachen Lebensformen gemeinsam.

Es gibt keine Abfolge vom Einfachen zum Komplexen. Drittens, es gibt nur sehr wenige Brückenfossilien, die zur Hälfte aus einer Art und zur Hälfte aus einer anderen bestehen. Viertens sind alle Formen des Lebens von Anfang an sehr kompliziert: Sie verfügten schon immer über DNA. Fünftens, Mutationen, d.h. plötzliche Veränderungen, führen normalerweise zu Deformierungen und zum Aussterben von Lebewesen. Darüber hinaus hat die Kreuzung verschiedener Tierarten normalerweise Unfruchtbarkeit zur Folge, und ich könnte noch weitere Punkte aufzählen. Vor allem lassen die statistischen Daten einen solchen Prozess nicht zu. Es gibt nicht genug Zeit dafür. Aus diesem Grund besagt eine neue Theorie, das Leben hat auf einem anderen Planeten begonnen, ist durch den Weltraum geschwebt und dann hier gelandet. Es gibt einfach statistisch gesehen nicht genug Zeit für die Entwicklung all dieser verschiedenen Variationen.

Ich möchte jetzt zu etwas ganz anderem übergehen: zum Effekt, den diese Theorie auf den Menschen hat. Sie hat nicht nur unseren Stolz genährt und uns glauben lassen, wir seien so weit gekommen, dass wir immer weiter und weiter aufwärts sowie immer weiter und weiter vorwärtsstreben würden, wie ein englischer Premierminister es ausgedrückt hat. Vielmehr möchte ich Ihnen zeigen, was mit diesem Wort „Kampf" passiert ist. Sie finden es im amerikanischen Kapitalismus. Männer wie John D. Rockefeller haben gesagt: „Das Überleben des Stärkeren ist der Inbegriff des Geschäftslebens." Das hat zu unvorstellbarem Leid geführt. Sie finden es im Faschismus: Adolf Hitlers Buch heißt *Mein Kampf*. Er glaubte an das Überleben des „Stärkeren", wobei der „Stärkere" aus seiner Perspektive die deutsche arische Rasse war und keinesfalls das jüdische Volk. Sie finden es auch im Kommunismus. Karl Marx schrieb über den Kampf zwischen dem kapitalistischen Großbürgertum und dem Proletariat, der zur Revolution führen musste. Das Wort

„Kampf" kommt auch in den Anfängen des Kolonialismus vor, als Völker im Namen des Fortschritts einfach ausgelöscht wurden. Und ich wage zu behaupten, dass diese Idee, wenn sie auf menschliche Wesen angewendet wurde, in der Moderne mehr Leid verursacht als jedes andere Konzept. Doch sie hat uns auch vor eine sehr wichtige Wahl gestellt. Was sagen wir wirklich, wenn wir das Problem Schöpfung und Evolution betrachten? Wir stehen vor einer verstandesmäßigen Entscheidung. Wenn Sie an die Schöpfung glauben, glauben Sie an einen himmlischen Vater. Halten Sie die Evolution für wahr, so entscheiden Sie sich für Mutter Natur, eine Dame, die es gar nicht gibt. Wählen Sie die Schöpfung, so glauben Sie, dass das Universum durch eine persönliche Entscheidung ins Leben gerufen wurde – oder, im Fall der Evolution, durch einen unpersönlichen Zufall. In der Schöpfung gab es einen bestimmten Plan, in der Evolution nur ein beliebiges Muster. Im Rahmen der Schöpfung ist das Universum eine übernatürliche Inszenierung, im Rahmen der Evolution ist es ein natürlicher Prozess. Die Schöpfungsgeschichte sieht das gesamte Universum als eine offene Situation, in die sowohl Gott als auch der Mensch eingreifen kann. Die Evolutionstheorie betrachtet die Natur als ein geschlossenes System, das sich selbst steuert. In der Schöpfung gibt es das Konzept der Fürsorge: Gott hegt positive Gefühle für seine Schöpfung, er versorgt sie und kümmert sich um sie. In der Evolution gibt es jedoch nur den Zufall: Wenn irgendetwas Gutes geschieht, dann ist es einfach Schicksal. Bei der Schöpfung gründet sich der Glaube auf Fakten, während er bei der Evolution auf Fantasie beruht. Denn es handelt sich nur um eine Theorie. Akzeptieren wir die Schöpfungsgeschichte, dann erkennen wir an, dass Gott die Freiheit hat, etwas zu erschaffen und auch den Menschen nach seinem Bild zu formen. Akzeptieren wir die Evolutionstheorie, bleibt uns nur die Ansicht, dass der Mensch die Freiheit hat, Gott nach seiner menschlichen Vorstellung in das Bild zu formen, das ihm am besten passt. Das ist also der mentale Unterschied, wenn man sich entweder für die Schöpfung oder die Evolution entscheidet.

Gehen wir noch einen Schritt weiter, so erkennen wir, dass dahinter eine *ethisch-moralische* Entscheidung liegt. Die Frage, die wir zu beantworten versuchen, lautet: Warum greifen Menschen die Evolutionstheorie auf und halten fast schon fanatisch an ihr fest? Die Antwort liegt tief in ihrem Innern. Diese Theorie ist die einzige Alternative, wenn man glauben will, dass es keinen Gott gibt, der über uns steht. In der Schöpfungsgeschichte ist Gott der Herr, in der Evolution ist es der Mensch. In der Schöpfung stehen wir unter der Autorität Gottes, doch in der Evolution sind wir als Menschen autonom und können die Dinge selbst entscheiden. In der Schöpfung gibt es absolute Maßstäbe von falsch und richtig. In der Evolution ist alles relativ. Wir sprechen von Pflicht und Verantwortung, in der Evolution geht es um Forderungen und Rechte. Wir sind in kindlicher Art von Gott abhängig, wir werden wie kleine Kinder und sprechen von einem himmlischen Vater; doch in der Evolution ist der Mensch stolz auf seine Unabhängigkeit, er wird erwachsen und braucht Gott nicht mehr. Hier ist der Mensch ein gefallenes Geschöpf, doch in der Evolution befindet er sich im Aufwärtstrend. Auf der einen Seite die Rettung der Schwachen, auf der anderen Seite das Überleben der Starken.

Nietzsche, der Philosoph, der Hitler stark beeinflusst hat, erklärte, er hasse das Christentum, weil es schwache Menschen am Leben erhalte und sich um die Kranken und Sterbenden kümmere. Im Gegensatz dazu war seine Philosophie das Überleben des Starken. Es galt die Auffassung: Macht geht vor Recht – wenn Sie mächtig sind, ist alles, was Sie tun, richtig. Der eine Ansatz führt zum Frieden, der andere zum Krieg. Das war schon immer so. Die eine Ansicht betont Gehorsam, die andere Selbstverwöhnung. Die eine Sicht bezeichnet Glaube, Liebe und Hoffnung als die drei Haupttugenden des Lebens. Die andere hat Fatalismus, Hilflosigkeit und den „glücklichen Zufall" zu bieten. Der eine Ansatz bringt uns in den Himmel, der andere in die Hölle. Ich habe das so ausführlich behandelt, damit Sie erkennen können, wohin diese Theorie Sie führen wird, wenn Sie den Menschen einfach nur als ein hochentwickeltes Tier ansehen. Es überrascht mich nicht, dass Kinder sich wie Tiere benehmen, wenn sie die Schule verlassen. Schließlich hat man ihnen zehn Jahre lang beigebracht: „Ihr stammt von den Tieren ab."

Ich habe Ihnen ein Bewusstsein für das Problem vermittelt. Im nächsten Kapitel werden wir betrachten, wie der Mensch gefallen ist und welche Auswirkungen dieser Fall auf seine Familie, seine Gesellschaft und so vieles andere hatte.

4

VON EDEN NACH BABYLON

Als Gott den Schöpfungsprozess abschloss, erklärte er, die Welt sei sehr gut – und das schloss die Menschen mit ein. Doch wer würde heute die Erde als sehr gut bezeichnen? Irgendetwas ist nicht in Ordnung. Was ist schiefgelaufen und wann ist es geschehen? Genesis 3 gibt uns eine Antwort auf diese Frage. Alle drei Beziehungen, die Beziehung zwischen Mensch und Gott, die Beziehung zwischen Mensch und Natur und die Beziehungen der Menschen untereinander sind leider alle kaputtgegangen. Welche wurde zuerst zerstört? Es scheint schon fast so, als wäre unsere Welt verflucht statt gesegnet; wir haben uns entfremdet. Betrachten wir drei Tatsachen unserer Existenz: Erstens, die Geburt ist schmerzhaft. Zweitens, das Leben ist hart. Drittens, der Tod kommt ganz sicher. Warum? Warum ist die Geburt schmerzhaft? Warum ist das Leben hart? Warum ist der Tod unausweichlich? Erneut gibt uns das Buch Genesis (Kapitel 3) die Antwort. Die Philosophie gibt uns viele verschiedene Antworten; manche Philosophen sagen, dass es sowohl einen guten als auch einen schlechten Gott gebe. Noch öfter hört man die Aussage, dass der gute Gott einen schlechten Job gemacht habe. So versuchen sie, irgendeine Erklärung für den Ursprung des Bösen zu finden. Genesis 3 gibt uns vier wichtige Einsichten in dieses Problem: Erstens, das Böse war nicht von Anfang an in der Welt. Zweitens, es nahm nicht mit den Menschen seinen Anfang. Drittens, das Böse ist nicht etwas Physisches, sondern etwas Ethisches. Manche Philosophen halten den materiellen Teil des Universums für die Quelle des Bösen; oder, um es persönlicher zu formulieren, unser Körper ist die Quelle der Versuchung. Das ist nicht die biblische Antwort. Die vierte Einsicht besagt, dass das Böse nicht aus sich selbst heraus existieren kann – es gibt nur böse Menschen. Böse ist ein Adjektiv, kein Hauptwort. Es sind nur Personen, die böse werden.

Bei Genesis 3 handelt es sich um ein reales Ereignis, das zu einem konkreten Zeitpunkt an einem realen Ort passiert ist. Uns werden der Ort und die Zeit mitgeteilt. Am Anfang der Menschheitsgeschichte ereignete sich eine gewaltige ethische Katastrophe. Es ist weder eine Fabel noch ein Märchen; allerdings sehen wir ein Reptil, eher eine Eidechse als eine Schlange, weil es Beine hatte, und die meisten Bilder aus der Sonntagsschule, die ich gesehen haben, waren völlig falsch. Sie zeigten einfach eine Schlange, die einen Apfel oder ähnliches in ihren Fängen hielt. Es war eine Eidechse, die sprechen konnte; können wir das für bare Münze nehmen? Es gibt drei Möglichkeiten:

Erstens, die Schlange war der Teufel in Verkleidung; Satan ist ein Meister der Täuschung. Zweitens, Gott verlieh einem Tier die Fähigkeit zu sprechen, und drittens, das Tier war von einem bösen Geist besessen. Als Jesus die 2000 Schweine die Klippen der Gerasener hinunterstürzen ließ, waren Dämonen in die Tiere hineingefahren. Es ist absolut möglich, dass Satan die Herrschaft über ein Tier übernimmt und sich dadurch als eines von Gottes Geschöpfen tarnt. Dadurch hätte er Adam und Eva getäuscht, weil er sich gewissermaßen auf eine niedrigere Stufe als die Menschen stellte – dabei war er das schlauste Geschöpf von allen. Tatsächlich ist Satan ein gefallener Engel.

Es gibt Engel. Evolutionisten scheinen Probleme mit Engeln zu haben, wo kommen diese Wesen her? Doch Engel sind real, sie sind intelligenter als wir und auch stärker als wir. Ich habe bereits die Bäume erklärt. Bemerkenswerterweise hatte Satan es auf Eva abgesehen. Allgemein gesprochen sind Frauen vertrauensseliger als Männer. Männer sind furchtbar misstrauische Wesen, Frauen jedoch vertrauen leichter und werden daher leichter in die Irre geführt und verwirrt. Doch was noch wichtiger ist, Satan stellte Gottes Ordnung auf den Kopf und behandelte Eva wie den Hausherren. Allerdings schäme ich mich für mein Geschlecht, weil Adam tatsächlich direkt neben ihr stand und seinen Mund nicht aufbekam. Das müssen wir ganz deutlich sagen. So oft sehen wir es im Fernsehen: Wenn ein Ehepaar nach einer persönlichen Tragödie interviewt wird, sitzt der Mann schweigend da und überlässt das Reden seiner Frau. Er sollte sie beschützen, und Adam hätte sich mit Satan auseinandersetzen müssen, weil Eva Gottes Worte nicht persönlich gehört hatte. Adam hörte sie, und er hätte Satan sagen sollen, dass er das Wort Gottes falsch zitierte. Es gibt drei Methoden, das Wort Gottes falsch zu zitieren. Erstens kann man etwas hinzufügen, zweitens etwas weglassen oder drittens das, was dasteht, verändern. Wenn Sie den Text sorgfältig lesen, entdecken Sie, dass Satan alle drei Methoden anwendete. Er kennt die Bibel sehr gut, kann sie jedoch auch falsch zitieren und er wendet alle drei Methoden der Verfälschung an. Leider kommt das unter Predigern ebenfalls vor. Gottes Wort etwas hinzuzufügen, etwas wegzulassen oder es in irgendeiner Art zu verändern bedeutet, an etwas Unveränderlichem herumzupfuschen.

Satans Strategie ist uns nicht unbekannt, und wir wissen, wie er Eva erwischen konnte, genauso kann er auch uns zu fassen bekommen. Er geht in drei Schritten vor. Er bringt Sie dazu, mit Ihrem Verstand zu zweifeln, mit Ihrem Herzen etwas zu begehren und dann mit Ihrem Willen ungehorsam zu werden; das ist *immer* seine Strategie. Zuerst veranlasst er Sie dazu, über etwas Falsches nachzudenken, normalerweise durch die Fehlinterpretation des Wortes Gottes. Dann bringt er Sie dazu, es in Ihrem Herzen zu begehren. Nachdem er Sie dazu gebracht hat, darüber nachzudenken und es sich von Herzen zu wünschen, ist es nur noch eine Frage der Zeit – wenn die Umstände günstig sind, werden Sie Gottes Gebot willentlich missachten. So bekam er Eva zu fassen, und wir hätten daraus lernen sollen.

Jetzt sehen wir eine ganz andere Facette von Gottes Charakter, die bisher noch nicht sichtbar geworden ist: Er richtet die Sünde. Das ist die heilige Seite seines Wesens. Dieser Aspekt wurde in Genesis 1 und 2 noch nicht angesprochen, doch jetzt tritt er deutlich hervor. Gott hasst Sünde und er muss damit umgehen. Wenn er wirklich ein guter Gott ist, kann er die Menschen nicht mit dem Bösen davonkommen lassen. Das ist die Botschaft von Genesis 3. Die Strafe wird in poetischer Form formuliert. Ich hoffe, in Ihrer Bibel können Sie erkennen, wann Gottes Wort in Poesie und wann in Prosa ausgedrückt wird. Spricht er in Prosa, sieht der Text aus wie eine Zeitungsspalte, die vollkommen ausgefüllt wird. Doch wenn es sich um Lyrik handelt, stehen dort viele Zwischenräume und kürzere Zeilen. Spricht Gott in Prosa, vermittelt er uns seine *Gedanken*, von seinem Verstand zu Ihrem. Drückt er sich allerdings poetisch aus, so teilt er Ihnen seine *Gefühle* mit, von Herz zu Herz. Ein Vers in Genesis 1 wird poetisch ausgedrückt, ebenso wie ein weiterer in Genesis 2. Bei beiden geht es um Sex. Ist das nicht erstaunlich? Die ersten beiden Liebeslieder – Gott wird poetisch, als er den Mann und die Frau in Genesis 1 betrachtet, und Adam wird poetisch, als er den ersten Blick auf diese wunderschöne, nackte Frau erhascht, nachdem er aus der ersten Operation unter Narkose erwacht ist. Wissen Sie, was er da wirklich sagte? Ich werde das Hebräische richtig übersetzen. Er sagte: „Wow! Endlich." Er sagte: „Endlich." Ein paar Wochen später war er nicht mehr so begeistert, als er sagte: „Es war die Frau, die du mir gegeben hast." Wie schnell wir uns verändern. Doch diese beiden kleinen Gedichte in Genesis 1 und 2 zeigen das Entzücken Gottes und des Menschen über die Sexualität. Allerdings offenbaren die Gedichte in Genesis 3 eine ganz andere Emotion Gottes – Grimm, Frustration, Wut oder, um es theologisch zu formulieren, den Zorn Gottes. Es trifft Gott zutiefst, dass der Garten Eden ruiniert wurde. Alles ist verdorben, und Gott wusste schon, wo dies alles hinführen würde. In den Kapiteln 4 bis 11 sehen wir die Folgen von Kapitel 3. Das dritte Kapitel wird normalerweise als der Sündenfall bezeichnet, als der Mensch aus diesem wunderschönen Zustand herausfiel. Stellen Sie sich einmal vor, das wäre nicht geschehen. Stellen Sie sich einfach vor, Adam hätte nicht versucht, Eva zu beschuldigen oder Gott. Die Frau, die *du* mir gegeben hast. Er versucht, seine Schuld abzuwälzen. Stellen wir uns vor, Adam hätte auf Gottes Frage so geantwortet: Ich habe etwas falsch gemacht und ich bekenne es, und Gott hätte sofort vergeben, dann hätte sich die Geschichte wohl ganz anders entwickelt.

Als Gott Adam die Frage stellte: „Wo bist du?", da wusste er ganz genau, wo Adam war. Es ist eine Frage, die man am Anfang einer Gerichtsverhandlung stellt. Plädierst du auf nichtschuldig oder schuldig? Das war Gottes eigentliche Frage. Eva, was ist mit dir passiert? Was hast du getan? Er will Bekenntnisse, denn wenn Gott Bekenntnisse bekommt, dann vergibt er. Darauf wollte er hinaus, doch der arme Adam, der sich im Gebüsch versteckte, sagte, er hätte keine Kleidung an. Es ist erbärmlich; haben Sie schon einmal die Form eines Feigenblatts gesehen? Können Sie sich vorstellen, diese zusammenzunähen, um Ihre Nacktheit zu bedecken? Es war tragisch. Dieser Fall verdiente Bestrafung und wurde bestraft. Adam wurde in Bezug auf seine *Arbeit* bestraft, Eva in Bezug auf die *Familie*. Das ist sehr bemerkenswert. Und aus dem Reptil wurde eine Schlange. Ich ging einmal in eine Garage voller riesiger Schlangen. Sie waren das Hobby eines Mannes, was ich nicht verstehen kann. Er hob eine gigantische Boa Constrictor hoch und sagte: „Ich werde Ihnen etwas zeigen." Dann schob er die Schuppen ihres Körpers auseinander, ungefähr bei zwei Dritteln ihrer Körperlänge, und unter den Schuppen war ein klitzekleines Bein. „Wussten Sie, dass jede Schlange Beine hat?", fragte er mich. Sie sind nicht lang genug, um den Boden zu berühren, darum muss das Tier auf seinem Bauch dahingleiten. Ich gab zu, das nicht gewusst zu haben; doch woran habe ich wohl gedacht, als er das sagte? Gott schnitt Adam und Eva also vom Leben ab, und die Auswirkungen in Kapitel 4-11 gleichen einem Stein, den man in einen Teich wirft. Sie breiten sich wellenartig aus und nehmen immer mehr Zeit und Raum ein. Sie verbreiten sich von einer Generation zur nächsten und darüber hinaus, bis hin zu Nationen. Die moralische Verschmutzung vergiftet von nun an die gesamte Kultur, allen Fortschritt, alle Wissenschaft und Kunst, das gesamte soziale und politische Leben.

Die Kapitel 4-11 des Buches Genesis decken viele Jahrhunderte ab, doch Gott greift die Dinge heraus, die ihn und seine Pläne am meisten beeinflussten. Gott hat Gefühle, das zeigt sich jetzt sehr deutlich. Er kann froh und traurig sein; er kann zornig sein und betrübt. Wir werden jetzt seine Emotionen untersuchen – seine emotionale Reaktion auf das, was hier unten auf der Erde geschieht. Die drei Ereignisse, die für ihn in den vielen darauffolgenden Jahrhunderten die wichtigste Bedeutung hatten, waren: erstens, Kain und die Massenvernichtungswaffen, die aus Kains Linie hervorgingen; zweitens, Noah und seine Arche; und drittens, Nimrod und sein Turm. Diese drei Ereignisse geschahen innerhalb eines langen Zeitraums der Menschheitsgeschichte, doch sie waren für Gott und seine weiteren Pläne mit unserer gefallenen Menschheit am bedeutsamsten.

Betrachten wir zuerst Kain. Jemand hat einmal gesagt, dass die Sünde des ersten Menschen den zweiten Menschen dazu brachte, den dritten zu töten. Hier geht es um Adams eigene Familie. Sein ältester Sohn bringt seinen mittleren Sohn um; aus demselben Grund, aus dem Jesus Jahrhunderte später getötet wurde: Neid. Neid war sowohl für den ersten als auch für den schlimmsten Mord der Geschichte verantwortlich. Neid ist etwas Furchtbares, doch wenn wir ehrlich sind, haben wir alle ihn schon auf die eine oder andere Art erlebt: den Neid auf eine andere Person. Kain und Abel.

Kain bedeutet „hervorgebracht", denn als er geboren wurde, sagte Eva: „Ich habe einen Mann hervorgebracht mit dem HERRN." Abel bedeutet „Windhauch" oder „Dunst". War er Asthmatiker oder irgendwie eine schwache Persönlichkeit? Vielleicht. Gott bevorzugte den Jüngeren der Beiden. Gott hat oft den Jüngeren begünstigt, wie wir noch sehen werden, denn er wollte nicht, dass irgendjemand denken könnte, er hätte ein natürliches Recht auf seine Gaben oder sein Erbe. Daher wählte er häufig eine jüngere Person aus, doch das war nicht der Grund dafür, dass er Abels Opfer annahm, Kains jedoch nicht. Vielmehr hatte Abel von seinen Eltern gelernt, dass nur ein Opfer, bei dem Blut floss, Gott angemessen war und von Sündern dargebracht werden musste – jemand musste mit dem Leben bezahlen. Abel wusste: Als Gott die Sünde und die Scham seiner Eltern bedeckte, hatte er dafür Tiere getötet. Es reizt mich, darauf hinzuweisen, dass Gott den ersten Pelzmantel hergestellt hat, doch im Ernst, es war Gott, der tatsächlich Tiere tötete und Adam und Eva bekleidete. Blut wurde vergossen, um ihre Scham zu bedecken. Dieses Prinzip nimmt dort seinen Anfang und setzt sich bis Golgatha fort. Abel hatte das verstanden. Daher opferte Abel ein Tier, als er Gott anbeten wollte. Kain hingegen brachte nur Obst und Gemüse mit. Er feierte ein kleines Erntedankfest, und es heißt, dass Gott mit Abel und seinem Opfer zufrieden war, was Kain wütend machte. Gott warnte Kain: Pass jetzt gut auf, du bist in einer sehr heiklen Lage. Die Sünde lauert vor deiner Tür und wartet nur darauf, einzudringen und dich in ihre Fänge zu bekommen. Doch Kain hörte nicht darauf, und Sie kennen den Rest der Geschichte. Er täuschte seinen Bruder, führte ihn unter einem Vorwand von seinem Zuhause fort und ermordete ihn. Er begrub ihn und distanzierte sich vollständig von ihm und behauptete, damit nichts zu tun zu haben. So führt eine Sünde zur nächsten.

Ein Muster wird erkennbar: Schlechte Menschen hassen gute Menschen, und die Gottlosen beneiden die Gottesfürchtigen. Diese Zweiteilung zieht sich durch die gesamte Menschheitsgeschichte. Es ist eine merkwürdige Tatsache. Plato sagte, wenn jemals ein vollkommen guter Mensch auf Erden lebte, würde man ihn kreuzigen. Er machte diese Aussage, Jahrhunderte bevor Jesus kam. Wir leben in einer gefallenen Welt, wo das Gute gehasst wird, wo Menschen sagen: „Keiner ist perfekt" und das Böse in ihnen damit entschuldigen; jeder, der eine Herausforderung für ihr Gewissen darstellt, wird gehasst. Jesus hat uns gesagt: Die Welt hat mich gehasst, sie wird auch euch hassen, wenn ihr rechtschaffen lebt. Das ist eine Tatsache. Dieser Hass des Bösen auf das Gute ist ein Fakt der Menschheitsgeschichte. Wir können sagen, dass Abel der erste Märtyrer im Dienst der Gerechtigkeit war. Tatsächlich sage nicht nur ich das, Jesus selbst erklärte, dass das „Blut der Gerechten seit Abel vergossen wird, bis hin zu Secharja." Damit deutete er natürlich an, dass er in die Fußstapfen dieser Märtyrer treten würde.

Kains Nachkommenschaft bestand aus gottlosen Menschen, und es ist sehr interessant, was mit dieser

Abstammungslinie verbunden war. Die Musik entstand aus dieser Linie, ebenso wie die Metallkunde. Der erste Nutzen, der daraus gezogen wurde, war die Herstellung von Massenvernichtungswaffen, die dazu führten, dass unbegrenzte Rache und Terrorismus beginnen konnten. Der erste Waffeneinsatz diente den terroristischen Aktivitäten der Nachkommenschaft Kains. Die Städtebildung geht ebenfalls auf Kains Familie zurück. Es waren Kains Abkömmlinge, die anfingen, Städte zu bauen. Was bewirkt nun eine Stadt? Sie zieht Sünder an einem Ort zusammen. Wegen dieser Konzentration wird das Leben in den Städten sündhafter als das Landleben.

Daher ist alles, was wir als menschlichen Fortschritt bezeichnen würden, eigentlich von Kain befleckt. Das Kainsmal haftet diesen Dingen an, was der biblischen Lesart der Zivilisation entspricht: Wie wunderbar unsere Entdeckungen auch sein mögen, wie groß unser Fortschritt auch ist, sie sind immer mit diesem mörderischen Fleck behaftet. Tragischerweise ist fast jede einzelne menschliche Erfindung genutzt worden, um zu töten. Manche von ihnen wurden zu tödlichen Zwecken eingesetzt, bevor man eine gesundheitsfördernde Verwendung fand. Die Kernspaltung ist nur ein Beispiel dafür.

Auch die Polygamie wurde durch Kains Nachkommen etabliert. Bis dahin waren ein Mann und eine Frau auf Lebenszeit miteinander verheiratet. Doch Kains Söhne und Enkel nahmen sich viele Frauen. Wie wir wissen, lebten sogar Abraham, Jakob und David in Vielehe. Es geht alles auf Kain zurück. Gleichzeitig gab es jedoch noch einen dritten Bruder, der Adam und Eva geboren wurde, nämlich Set. Mit ihm begann eine andere, eine *gottesfürchtige* Ahnenreihe. Mit den Nachkommen Sets fingen die Menschen an, den Namen des HERRN anzurufen, der „Immer" hieß.

Diese beiden Abstammungslinien ziehen sich durch die

gesamte Menschheitsgeschichte und werden bis zum Ende bestehen bleiben. Dann werden sie für immer getrennt. Wir leben in einer Welt, in der es die Nachkommenschaft Kains und die Nachkommenschaft Sets gibt. Es ist Ihre Entscheidung, zu welcher dieser Linien Sie gehören und was für ein Leben Sie führen wollen.

Das war das erste wichtige Event, und Gott sagte, *er* sei Abels Hüter. Kain fragte: „Bin ich meines Bruders Hüter?" Gott antwortete: „Ich bin es, und sein Blut schreit zu mir." Bei jedem Mord sieht Gott zu, er ist betroffen; es ist seine Familie. Interessant.

Das nächste Hauptereignis ist die Arche Noah, die Geschichte ist sehr bekannt; nicht nur aus der Bibel, denn in vielen verschiedenen Kulturen findet man zahlreiche Legenden über eine weltumspannende Flut. Es gibt irgendwo eine ethnische Erinnerung an dieses Ereignis, das an allen möglichen Orten auftaucht, doch hier sehen wir den Ursprung dieser Erzählungen. Man hat angezweifelt, ob die Sintflut tatsächlich stattgefunden hat, und meiner Ansicht nach ist es eine offene Frage, ob die Flut die ganze Welt überschwemmte oder die damals bekannte Welt betraf – das gesamte nahöstliche Becken, das später Mesopotamien genannt wurde. Diese riesige Ebene, durch die Euphrat und Tigris fließen, ist tatsächlich der Schauplatz all dieser frühen Geschichten. Vor vielen Jahren telegraphierte ein Engländer namens Leonard Wolley an die *Times* in London: „Wir haben die Sintflut gefunden!" Sie waren auf zirka fünf Meter Schlamm unter dem Sand des mesopotamischen Beckens gestoßen, und er behauptete, sie hätten die Sintflut entdeckt. Sie hatten *eine* Flut entdeckt. Ganz sicher hat es mehr als eine dieser vernichtenden Fluten in diesem Gebiet gegeben, und seither wurden weitere Überbleibsel entdeckt. Ob sie *die* Sintflut gefunden haben, ist meiner Ansicht nach immer noch eine offene Frage. Vielleicht haben Sie

Fernsehsendungen über die Suche nach der Arche Noah gesehen. Man hat etwas untersucht, das wie die Überreste eines großen Bootes aussieht. Ob es sich tatsächlich darum handelt, bleibt abzuwarten. Die Bibel konzentriert sich nicht so sehr auf die materielle Seite dieser Geschichte, sondern mehr auf die ethisch-moralischen Aspekte. Das ist das Entscheidende. Warum kam es zur Sintflut? Die Antwort ist niederschmetternd. Die Flut kam, weil Gott es bereute, den Menschen erschaffen zu haben. Ich halte es für den traurigsten Vers der Bibel. Ich habe gehört, wie Eltern über ihre Kinder gesagt haben: „Hätten wir sie doch nie bekommen." Das ist furchtbar, und Gott fragt sich: „Warum habe ich nur Menschen auf die Erde gesetzt? Sie war ein wunderschöner Ort. Warum habe ihn dadurch ruiniert, dass ich Menschen erschuf?" Das veranschaulicht Gottes Herz, seine Gefühle sehr deutlich. Und er beschloss, uns zu vernichten, uns loszuwerden. Was war passiert, dass Gott eine solche emotionale Krise erlebte?

Wir finden nur einen Teil der Geschichte im Buch Genesis. Mehr erfahren wir aus einem Buch, das in der Zeit zwischen dem Alten und Neuen Testament geschrieben wurde, in den Apokryphen, im Buch Henoch. Da Judas und Petrus dieses Buch im Neuen Testament als wahrheitsgemäß zitieren, können wir es als zutreffend ansehen, auch wenn es nicht zum Wort Gottes dazugehört. Doch es ist ein historischer Bericht, in dem wir Folgendes erfahren: 200 bis 300 Engel waren in die Gegend am Berg Hermon gesandt worden, um Gottes Volk zu beschützen. Sie verliebten sich in Frauen, verführten und schwängerten sie. Die Kinder waren eine fürchterliche Mischform aus Menschen und Engeln, Wesen, die nicht nach Gottes Ordnung entstanden waren. Das wird in Genesis 6 erwähnt – die Söhne Gottes sahen, wie schön die Töchter der Menschen waren; und die Bibel nennt diese hybriden Nachkommen Nephilim, was manchmal mit „Riesen" übersetzt wird. Wir wissen nicht, was das bedeutet; es ist einfach eine neue Bezeichnung für eine neue Art von Kreatur. Merkwürdigerweise hat Hollywood das aufgegriffen und Filme wie *Rosemaries Baby* produziert, in dem Satan ein Mädchen schwängert. Es ist ein schreckliches Zerrbild der Jungfrauengeburt, als der Heilige Geist über Maria kam. Eine merkwürdige und seltsame Geschichte, doch interessanterweise war dieser fürchterliche Geschlechtsverkehr zwischen Engeln und Menschen (Geschlechtsverkehr zwischen Menschen und Tieren ist übrigens genauso ein Gräuel für Gott, genauso ekelhaft, er hat das nie beabsichtigt), diese grauenhafte Vereinigung der Anfang des Okkultismus. Denn diese Engel brachten den Frauen Hexerei bei. Wir können den Okkultismus auf dieses schreckliche Ereignis zurückführen. Es heißt, die direkte Folge dieser pervertierten geschlechtlichen Verbindung war, dass die ganze Erde von Gewalt erfüllt wurde; denn eins führt zum anderen, wenn Menschen als Objekte und nicht als Personen behandelt werden. Und Gewalt erfüllte die Erde. Sie erreichte schließlich ein solches Ausmaß, dass Gott feststellte, dass alles Sinnen und Trachten ihres Herzens immerfort nur böse war. Was für eine Aussage. *Alles*, *nur, immerfort*, deutlicher kann man es nicht sagen. Und es handelte sich um Menschen, die nach Gottes Bild geschaffen waren. Können Sie sich vorstellen, wie Gott sich gefühlt haben muss? Und er sagte: Das reicht. Es ist genug. Allerdings ist Gott eben Gott und sehr geduldig. Er warnte die Menschen ausführlich. Er fand diesen Mann namens Henoch, den ersten Propheten überhaupt, der der Menschheit eine Botschaft von Gott überbrachte, und sie lautete: Gott wird richten und alle Gottlosigkeit bestrafen. Im Alter von 65 Jahren bekam Henoch einen Sohn. Gott teilte ihm den Namen des Jungen mit, er sollte genannt werden: „Wenn er stirbt, wird es passieren". Was für ein außergewöhnlicher

Name für einen Jungen! Stellen Sie sich seinen Lehrer in der Schule vor:
„Wie heißt du denn, mein Kleiner?"
„Wenn er stirbt, wird es passieren."
„Hast du deine Hausaufgaben gemacht, Wenn er stirbt, wird es passieren?"
Natürlich ist „Wenn er stirbt, wird es passieren" kein deutscher Name, sondern ein semitischer. In dieser Sprache hieß er Metuschelach, zu Deutsch Methusalem. Henoch wusste, dass Gott die Welt richten würden, wenn sein Sohn starb. Aus diesem Grund lebte Metuschelach länger als irgendein anderer Mensch auf der Welt – weil Gott sehr geduldig ist. Ist das nicht erstaunlich? 969 Jahre später starb Metuschelach, und an seinem Todestag fing es an zu regnen. Heftiger Regen. Flut. Henochs Urenkel, Metuschelachs Enkel war ein Junge namens Noah. Er und seine drei Söhne hatten 12 Monate damit verbracht, nach Gottes Anweisungen ein riesiges überdachtes Holzboot zu bauen. Sie kennen die Geschichte.

Es gibt ein Foto, das während der Dreharbeiten des Filmes *In the Beginning – the Bible* (Am Anfang – die Bibel) entstanden ist, bei dem Charlton Heston Noah darstellte. Als er auf seiner kleinen Flöte blies und auf die Arche zuging, folgten ihm alle Tiere. Es war höchst erstaunlich. Schon beim ersten Versuch folgten ihm diese Tiere in die Arche. Das können Sie im Film sehen, sollten Sie ihn sich jemals anschauen.

Einer der besten Überseedampfer war die SS Canberra. Als ich 1950 die Universität besuchte, hatte ich einen Freund namens John. Während ich Naturwissenschaften studierte, studierte er Schiffstechnik. Das war sein Job. Ich erfuhr, dass die SS Canberra das erste Schiff der Geschichte war, das man den Proportionen der Arche Noah nachempfunden hatte, denn John argumentierte, dass Gott, der die Belastungen durch Meereswellen kannte, auch das perfekte Verhältnis von Schiffslänge zu Schiffsbreite bekannt war. Daher baute er es nach diesen Proportionen. Es war eines der besten Schiffe, die je gebaut wurden. Ich erwähne das nur, damit Sie wissen, dass es sich lohnt, die Bibel ernst zu nehmen. Es könnte Ihnen auch in *Ihrem* Arbeitsalltag helfen.

Ich habe Ihnen erzählt, was vor der Flut geschah, mit Ausnahme der Tatsache, dass es eine Familie gab, einen Prediger, seine drei Jungen, drei Schwiegertöchter und seine Frau. Beide Ehepartner predigten Gottesfurcht und lebten gottesfürchtig. So lebten und so redeten sie und wurden dafür ausgelacht. „Wozu baut ihr denn hier ein Boot? Kilometer vom Meer entfernt." „Das Meer wird zum Boot kommen", erklärte Noah. Und sie lachten ihn aus. Acht Menschen wurden aus dieser Flut gerettet. Nach der Flut versprach Gott, so etwas nie wieder zu tun, so lange die Erde existierte. Er schloss einen Bund und gab damit der gesamten Menschheit ein heiliges Versprechen: Es bestand nicht nur darin, die Menschheit nie wieder zu zerstören, sondern auch in der Verpflichtung, sie mit ausreichend Nahrung zu versorgen. Er würde sicherstellen, dass Frühling und Sommer, Herbst und Winter regelmäßig kämen. Dieses Versprechen hat Gott gegeben, und er setzte einen Regenbogen in die Wolken. Denn für das Leben auf dieser Erde brauchen wir Sonnenlicht und Wasser. Wenn beide zusammenkommen, wird der Regenbogen sichtbar. Dadurch erinnert nicht Gott uns an sein Versprechen. Gott sagte, dass er sich dadurch selbst an sein Versprechen uns gegenüber erinnern würde. Vergleichbar einem Ehering Gottes am Himmel, eine Erinnerung an sein Versprechen, uns treu zu sein. Er hat dieses Versprechen gehalten, auch wenn Menschen sich wünschen, dass er es wieder tut. „Herr, wann wirst du all die bösen Menschen auf der Erde zerstören, damit wir sie genießen können?" Haben Sie schon einmal

Menschen so reden hören? Gott soll kommen, um alle andere zu zerstören, so als wären *wir* unschuldig. So denken wir, nicht wahr?

Übrigens hat Gott, als er sein Versprechen ablegte, auch etwas von uns verlangt, und zwar das Leben als heilig zu betrachten und daher Mord durch Exekution zu bestrafen. Das war ein Punkt, den er festlegte. Er sagte: Ich werde die Menschheit am Leben erhalten; ich werde euch jedes Jahr Ernten geben, und, ob Sie es glauben oder nicht, es gibt *immer, jedes Jahr* genug Nahrung auf der Welt, um die Bevölkerung zu ernähren. Tatsächlich war im Jahr der äthiopischen und sudanesischen Hungersnot 13 Prozent mehr Getreide vorhanden als wir benötigten. Es liegt nicht an ihm, sondern an uns. Wir sind einfach zu selbstsüchtig. Er hat also sein Versprechen gehalten, doch er sagte: Jetzt sollt ihr das menschliche Leben als heilig betrachten; so heilig, dass derjenige sterben muss, der einem anderen das Leben nimmt. Ich glaube, die Todesstrafe wurde in diesem Land abgeschafft, weil wir aufgehört haben, das Leben als heilig anzusehen. Ich sagte damals, als nächstes käme die Abtreibung, und so geschah es.

Gott schloss diesen Bund mit der gesamten Menschheit. Das nächste Ereignis, das Gott sehr naheging, war der Turmbau zu Babel. Es gab einen Mann mit Namen Nimrod, der ein mächtiger Jäger war, allerdings jagte er sowohl Menschen als auch Tiere. Er war ein Mann, der in den Krieg zog, ein Aggressor mit Ambitionen; Ambitionen für die Menschheit, einen Turm zu bauen, der sogar in Gottes Sphäre im Himmel hineinreichte, um den Himmel herauszufordern – im Text heißt es, dass er sich einen *Namen* machen wollte, es ging um seinen Ruf. Wir wissen ungefähr, wie die Türme damals ausgesehen haben. Man nannte einen solchen Turm eine *Zikkurat,* einen großen Ziegelturm. Er bestand nicht aus Stein, denn in diesem Teil der Welt gibt es keine Steine, sondern nur aus Ton – doch es waren riesige Türme mit Treppen, die himmelwärts nach oben strebten. Oben auf einem solchen Turm waren üblicherweise astrologische Zeichen angebracht. Allerdings ging es Nimrod nicht so sehr darum, die Sterne anzubeten. Er wollte einfach seine eigene Macht und Größe zeigen.

In der Moderne hat man viele sehr große Gebäude errichtet, und man wundert sich wirklich über den Stolz, die Dreistigkeit und die Selbstüberschätzung der Menschen, die sagen: „Wir können einen höheren Turm bauen als alle anderen." Wir setzen die menschliche Überheblichkeit fort, indem wir uns selbst diese Monumente bauen – aus purer Gottlosigkeit. Der Turm von Babel war für Gott ein großes Ärgernis. Wenn er die Menschen so weitermachen ließe, wäre nicht abzusehen, wo das alles hinführen würde, sagte Gott. Daher gab er ihnen zum ersten Mal die Gabe, in fremden Sprachen zu reden, um sie zu verwirren. Sie konnten einander nicht mehr verstehen. Ab diesem Zeitpunkt teilte und zerstreute sich die Menschheit.

Ich werde alle diese Geschichten nicht weiter ausführen. Sie können sie selbst nachlesen, ich gebe Ihnen einfach die Schlüssel, um sie sich zu erschließen. Sie können erkennen, wie sich der Fall Adams auswirkte, er beeinflusst so viele Lebensbereiche und tut es immer noch. Nach wie vor gibt es menschlichen Stolz. „Wir können all das ohne Gott tun; wir sind allmächtig." Zwei Dinge fallen uns in diesen Kapiteln auf. Einerseits sehen wir Gottes Gerechtigkeit, er nimmt sich immer der Situation an, er bestraft ausnahmslos. Das muss er tun, wenn er ein guter, ein gerechter, ein fairer Gott ist. Er bestrafte Adam und Eva genauso wie Kain, der zu einem heimatlosen Wanderer wurde, einer entwurzelten Person, verwundbar und wehrlos, die sich davor fürchtete, getötet zu werden. Gott bestrafte die Generation Henochs – nicht Henoch selbst, sondern seine Generation, und uns muss bewusst sein, dass Gott die Menschheit jederzeit vernichten könnte. Eines Tages, am Ende der Welt, wird er es tun. Weil Jesus gesagt hat: Wie in den Tagen Noahs, so wird es beim Kommen des Menschensohnes sein. Gottes Zorn wird noch einmal überkochen. Wir sehen also auch in Babel seine Gerechtigkeit. Doch parallel zu seiner Gerechtigkeit sehen wir auch sein Erbarmen. Das ist das Erstaunliche. Selbst für Adam und Eva stellte Gott Kleidung her, um ihre Scham zu bedecken. Selbst Kain machte er ein Zeichen auf der Stirn, sodass er nicht getötet wurde. Und vor allem ließ er die heilige Abstammungslinie Sets durch all diese Kapitel weiterbestehen. Es gab diese gottesfürchtigen Menschen, zu denen Noah und seine Familie gehörten, und durch sie würde Gott die Welt retten.

Wir können also gleichzeitig die Gerechtigkeit und das Erbarmen bzw. die Liebe Gottes erkennen. Doch zwischen ihnen besteht ein Konflikt. Wie sollte Gott reagieren, wenn sein Volk gegen ihn rebelliert? Gerecht oder gnädig? Dieser Konflikt zieht sich durch das gesamte Alte Testament. Er wurde nur am Kreuz aufgelöst. Es gibt dazu ein Kirchenlied, „Beneath the Cross of Jesus" (Am Fuß des Kreuzes Jesu), darin heißt es: „Oh sichrer Ort der Zuflucht, bewährt und wunderbar, wo Liebe und Gerechtigkeit sich kommen oh so nah!" Dort löst sich der Konflikt.

Ich werde diesen Teil unserer Betrachtung mit einem interessanten Aspekt abschließen. Unter den Völkern, die sich in Babel zerstreuten, war eine Gruppe, die die Berge im Osten überwand, dann weiterzog, dabei einen Höhenzug nach dem anderen überkletterte und sich schließlich am Meer niederließ. Aus ihnen entstand die große chinesische Nation, und die chinesische Kultur lässt sich lückenlos bis auf diesen Tag zurückverfolgen. Sie machten sich auf den Weg, bevor das keilschriftliche Alphabet die Bildsprache des antiken Ägyptens ersetzte. Bis zum Turmbau zu Babel waren alle Sprachen bildhaft. Die Sprache, die sie mit nach China nahmen, wurde daher in Bildern aufgezeichnet. Erstaunlicherweise kann man die Geschichte aus Genesis 1 bis 11 aus den Symbolen in ihrer Sprache rekonstruieren. Tatsächlich können Missionare nach China reisen und sagen: Die ersten elf Kapitel der Bibel sind in eurer Sprache vorhanden. Ihr habt die Erinnerungen an alle diese Ereignisse aus Babylon mitgebracht, und wir sind gekommen, um euch den Rest der Geschichte zu erzählen. Jemand aus China hat mir das erzählt: Ihr Wort für „erschaffen" besteht aus den Bildern für Schlamm, Leben oder Bewegung und einer gehenden Person. Ihr Wort für „Teufel" setzt sich aus einem Mann oder Sohn, einem Garten und dem Bild für ein Geheimnis zusammen. Der Teufel ist also eine versteckte Person im Garten. Das Wort für „Versucher" besteht aus den Zeichen für „Teufel" plus zwei Bäumen und dem Bild für Decke oder Tarnung. Das „Boot" beinhaltet einen Behälter, einen Mund und die Zahl acht. Ein Boot in der chinesischen Sprache ist daher ein Behälter für acht Personen. Es gibt noch viele weitere Beispiele. Sie können die gesamte Geschichte aus Genesis 1 bis 11 mithilfe der chinesischen Bildsprache rekonstruieren. Als diese Menschen nach China kamen, glaubten sie an nur einen Gott, den Schöpfer des Himmels und der Erde. Erst später, mit Konfuzius und Buddha, wandten sie sich dem Götzendienst zu. Die chinesische Sprache ist daher eine *unabhängige, außerbiblische Bestätigung*, dass sich diese Dinge *ereignet haben*. Sie blieben in der Erinnerung der Menschen, die in Babel zerstreut wurden und sich in China ansiedelten, lebendig. Ist das nicht faszinierend?

5

ABRAHAM, ISAAK UND JAKOB

Es gibt einen doppelten roten Faden, der die gesamte Darstellung Gottes im Alten Testament durchzieht. Er erfordert eine Erklärung. Einerseits behauptet das Alte Testament, dass der Gott der Juden gleichzeitig der Gott des gesamten Universums sei. Zur damaligen Zeit hatte jedes Land seinen eigenen Gott, ob es sich nun um Baal, Isis oder Moloch handelte. Religion war eine rein nationale Frage, daher waren alle Kriege Religionskriege zwischen Göttern bzw. Nationen mit verschiedenen Göttern. So galt der Gott Israels, Jahwe, der Seiende oder Immer genannt, bei den anderen Völkern einfach nur als der nationale Gott Israels; und da jede Nation ihren eigenen Gott hatte, war das nachvollziehbar. Doch Israel selbst behauptete, dass sein Gott der Gott aller Götter sei, dieser Begriff wird im Alten Testament verwendet. Sie gingen sogar noch weiter und sagten: Unser Gott ist der einzige Gott, der wirklich existiert; alle anderen sind Ausgeburten der menschlichen Phantasie. Sie gingen noch weiter und behaupteten, ihr Gott habe nicht nur das Universum erschaffen, sondern er erhalte es auch am Leben. Diese Behauptungen waren natürlich extrem beleidigend. Man kann sie sowohl in Jesaja, insbesondere in Kapitel 40, als auch im Buch Hiob und in vielen der Psalmen finden.

Das ist nun ein Aspekt dieses doppelten roten Fadens, der das Alte Testament durchzieht:

dass der Gott der Juden tatsächlich der Gott des gesamten Universums ist. Der andere Aspekt ist, dass der Gott des gesamten Universums der Gott der Juden ist. Sie behaupteten wirklich, dass der Schöpfer aller Dinge – der die am weitesten entfernten Sterne des Weltalls erschuf – eine sehr persönliche und vertraute Beziehung mit einer kleinen Volksgruppe dieser Erde hätte. Er identifizierte sich tatsächlich mit einer Familie auf der Welt, mit einem Großvater, einem Vater und einem Sohn. Der Gott des gesamten Universums nannte sich daher nun „der Gott Abrahams, Isaaks und Jakobs". Können Sie sich vorstellen, wie die anderen Völker darauf reagierten? Es war eine verblüffende doppelte Behauptung, dass der Gott der Juden der Gott des Universums sei, und dass der Gott des Universums sich persönlich die Juden ausgesucht hätte. Das wird im Buch Genesis erklärt, und ohne Genesis würde diese bemerkenswerte Behauptung jeglicher Grundlage entbehren. Wie schon gesagt, wenn Ihre Bibel erst mit dem Buch Exodus begänne, würden Sie sich sagen: Hier geht es nur um den Gott der Juden. Doch Genesis sagt: Nein, der Gott des Universums ist zum Gott der Juden geworden. Er schämt sich nicht, sich selbst nach nur drei Männern zu benennen, die zu diesem winzigen Volk gehören. Denken Sie daran: Das Buch Genesis deckt eine längere Zeitspanne ab als der gesamte Rest der Bibel zusammengenommen. Vom Anfang des Buches Exodus bis zum Ende des dritten Kapitels der Offenbarung sind es rund 1500 Jahre, d.h. eineinhalb Jahrtausende. Genesis hingegen behandelt die gesamte Geschichte dieser Welt von ihren Anfängen bis zu Josefs Lebzeiten; das ist viel länger. Beim Lesen der Bibel muss uns daher bewusst sein, dass die Zeit komprimiert worden ist. Im Vergleich zum Rest der Bibel umfasst das Buch Genesis eine viel längere Zeitperiode.

Wenn Sie das Buch Genesis an sich betrachten, stellen Sie ein sehr merkwürdiges Verhältnis des Umfangs fest, der den verschiedenen Teilen der Geschichte gewidmet wird. Die Kapitel 1-11 machen ein Viertel des Buches aus, es ist ein sehr kurzer Abschnitt, der allerdings eine sehr lange Zeitspanne abdeckt, Jahrhunderte, und sehr viele Menschen und Nationen. Der zweite „Teil" von Genesis, Kapitel 12-50, den wir jetzt betrachten, ist viel länger. Er ist dreimal so lang wie Kapitel 1-11 und macht drei Viertel des Buches aus. Doch er behandelt nur wenige Jahre, eine sehr kurze Zeitspanne, und nur ein paar Menschen: bloß eine Familie und auch nur vier Generationen dieser Familie. Es scheint ein riesiges Missverhältnis zu sein, wenn Genesis tatsächlich die Geschichte der gesamten Welt erzählen will. Doch gleichzeitig ist es kein Zufall, und diese Zeitproportion ist selbst eine Botschaft. In gewisser Weise verlangsamt sich die Geschichte im Buch Genesis. Von der ganzen Welt und all ihren Völkern verengt sich der Blick auf eine Familie, und das ist beabsichtigt, weil wir die Geschichte aus Gottes Perspektive betrachten. Denn Gott kümmerte sich zunächst um die gesamte Menschheit und die ganze Geschichte, um sich dann auf diese eine Familie zu fokussieren, als wäre sie die wichtigste, die jemals auf diesem Planeten gelebt hätte. Und in gewisser Weise war sie das auch. Denn diese Familie gehörte zu der sehr besonderen Nachkommenschaft Sets. Es waren Menschen, die den Namen des Herrn anriefen. Solche Menschen sind nach Gottes Auffassung und in seinen Augen wichtiger als alle anderen, denn durch sie kann er seine Pläne und Absichten verwirklichen. Daher kommt es zu diesen merkwürdigen Proportionen.

Die Bibel ist nicht Gottes Antworten auf *unsere* Probleme; sie ist Gottes Antwort auf Gottes Problem. Ich wünschte, mehr Menschen würden das erkennen. Sie präsentieren das Evangelium oft als Gottes Antwort auf unsere Probleme: Bist du einsam? Bist du unglücklich? Findest du keinen Sinn im Leben? Dann kommt Jesus, um deiner Not abzuhelfen. Sie haben diese Art von Predigt schon gehört, doch in der Bibel geht es tatsächlich gar nicht um *unsere* Bedürfnisse. Sie dreht sich um Gottes Problem. Es besteht darin: Was mache ich mit einer Menschheit, die mich weder kennen noch lieben will und die es auch ablehnt, mir zu gehorchen? Was soll er tun? So sieht sein Problem aus. Eine Lösung besteht darin, sie zu vernichten und noch einmal von vorne anzufangen. Das hat er probiert. Doch was ich beim letzten Vortrag nicht erwähnt habe, ist Folgendes: Als Noah aus der Arche kam, war eine seiner ersten Handlungen, sich zu betrinken und zu entblößen. Von da an begann die ganze traurige und schmutzige Geschichte von Neuem. Selbst mit Noah und seiner Familie funktionierte es nicht. Daher musste Gott sich etwas anderes ausdenken, doch er wusste bereits, was er tun würde, um die Menschheit vor sich selbst zu retten bzw. um sein Problem zu lösen.

Wenn mich jemand fragt: „Warum hat Gott uns Menschen geschaffen?", gebe ich darauf eine sehr einfache Antwort: Er hatte bereits einen Sohn, der ihm so viel Freude bereitete, dass er sich eine größere Familie wünschte. Ich kann es nicht einfacher ausdrücken. Darum sind Sie und ich hier, weil Gott mehr als einen Sohn wollte, er wünschte sich eine größere Familie und dafür hat er uns geschaffen. Die Tragödie ist allerdings, dass er schließlich sagte: „Ich wünschte, wir hätten nie Kinder bekommen." Was würde er nun tun? Er wusste es schon, und mit Abraham setzte er *seine* Lösung für *sein* Problem mit der Menschheit in Gang. Er beschloss, es durch einen besonderen Teil der Menschheit zu lösen, Philosophen nennen es „den Skandal der besonderen Erwählung". Was für ein Begriff! Ich will ihn erklären, weil er wichtig ist. Der Skandal der besonderen Erwählung meint mit anderen Worten: Warum sollte Gott sich nur auf die Juden konzentrieren? Warum rettete er die Chinesen nicht durch die Chinesen, die Amerikaner durch die Amerikaner und die Briten durch ihre eigenen Landsleute? Für uns ist es eine Beleidigung, dass er beschloss, sein Problem durch das jüdische Volk lösen. Es gibt zwei Dichter, von denen einer William Norman Ewer heißt und der andere Cecil Brown. Sie beide schrieben sehr kurze Gedichte. William Norman Ewer, der 1976 starb, schrieb dieses Gedicht:

Zu verstehen ist's schwer,
dass Gott, der HERR,
die Juden erwählte.

Brillante Lyrik und sicherlich eines der am häufigsten zitierten Gedichte aller Zeiten.

Daraufhin fügte Cecil Browne als Antwort eine zweite Strophe hinzu:

Doch nicht so schwer
zu verstehen wie der,
der den Judengott preist,
doch die Juden abweist.

Diese beiden Verse bringen den „Skandal der besonderen Erwählung" auf den Punkt. Wir hatten drei Kinder, und wenn ich ihnen Süßigkeiten mitbrachte, hatte ich zwei Möglichkeiten: Ich konnte entweder eine ganze Tüte voller Süßigkeiten einem Kind geben und ihm sagen: „Teile sie mit deinem Bruder und deiner Schwester" oder ich konnte drei Tafeln Schokolade besorgen und jedem der drei eine davon überreichen. Raten Sie mal, welche von den beiden friedlicher ablief? Es war viel einfacher, jedem von ihnen ein paar Süßigkeiten zu geben, doch wir wollten eine Familiensituation herstellen. Wenn Sie das tun wollen, dann müssen Sie die Süßigkeiten einem geben, der sie dann mit den anderen teilt. Das ist Gottes Methode. Statt seinen Sohn als Amerikaner, als Chinese und als Inder auf die Welt zu bringen, erwählte er die Juden. Er sandte seinen Sohn als Jude, und er ist immer noch Jude; und er sagte zu den Juden: Jetzt teilt ihr ihn mit allen anderen. So beschloss er, uns zu retten, und es ist seine Wahl. Sie können mit ihm streiten, doch es war *seine* Wahl, und darum nennt er sich den Gott Abrahams, Isaaks und Jakobs.

Die Kapitel 12-50 des Buches Genesis sind im Grunde genommen die Lebensgeschichten von nur vier Männern. Drei werden dabei in dieselbe Kategorie eingeordnet, während der vierte eine Sonderstellung einnimmt. Wir werden uns zunächst nur mit den dreien beschäftigten und später die vierte Generation behandeln. Der vierte ist ganz anders, Gott nannte sich niemals der Gott Josefs. Er ist der Gott Abrahams, Isaaks und Jakobs, nur diese drei Generationen, und wir müssen uns fragen, warum das so ist. Wenn wir die Geschichten dieser drei Männer betrachten, werden wir feststellen, dass es eine Art Gegensatz oder Kontrast zwischen diesen Männern und einem ihrer Verwandten gibt. Der Gegenpol zu Abraham ist sein Neffe Lot; der Gegenpol zu Isaak ist sein Stiefbruder Ismael; Jakob steht sein Zwillingsbruder Esau gegenüber. Die Beziehungen werden immer enger, vom Neffen über den Stiefbruder zum Zwillingsbruder. Gott zeigt uns dadurch, dass sich immer noch zwei Abstammungslinien durch die Menschheit ziehen, die in starkem Gegensatz zueinanderstehen. Sind Sie ein Jakob oder ein Esau? Sind Sie wie Isaak oder wie Ismael? Ähneln Sie Abraham oder Lot? Wenn Sie diese Kapitel durchlesen, sollten Sie sich genau diese Frage stellen. Wer ist Ihr Verwandter? Mit wem identifizieren Sie sich?

Es ist im Grunde genommen also die Geschichte von vier Männern. Nun gibt es Einwände von denen, die diesen Kapiteln keinen Glauben schenken wollen – die sie als Legenden oder Sagen abtun; dass in ihnen ein Fünkchen

Wahrheit stecken könnte, doch dass es sich einfach um Sagen handeln würde, die sich um diese Männer rankten. Ich verstehe nicht, warum man diese Einwände vorbringt. Erstens, der Roman an sich ist eine neue Form der Literatur. Romane waren zu Abrahams Zeiten völlig unbekannt. Niemand schrieb erfundene Geschichten auf. Es gab noch keine Fiktion. Sie schrieben auf, was geschah, sie überbeanspruchten ihre Vorstellung nicht und schufen auch keine Mischung zwischen Fakten und Fiktionen, wie in vielen Fernsehfilmen.

Eine Tatsache, die mir sagt, dass diese Geschichten wahr sind, ist, dass in ihnen keine Wunder vorkommen. Man würde doch von Folgendem ausgehen: Wenn Menschen Geschichten über große Männer Gottes erfänden, hätten sie alle möglichen Wunder eingefügt. Ist Ihnen aufgefallen, dass es kaum irgendwelche Wunder im Buch Genesis gibt, auch wenn Dutzende im Buch Exodus vorkommen? Legenden sind üblicherweise voller wundersamer oder magischer Begebenheiten. Bei diesen Geschichten kommen jedoch keine vor. Darüber hinaus hat niemand im Buch Genesis einen einzigen Anachronismus finden können. Lassen Sie mich Ihnen erklären, was ich damit meine. Stünde im Buch Genesis, dass Abraham zum Telefonhörer griff, um Isaak anzurufen, hätten wir einen Anachronismus, und Sie wüssten, dass diese Tatsache nicht wahr sein kann, weil es zur damaligen Zeit keine Telefone gab. Würde ein Telefon oder Faxgerät im Buch Genesis erwähnt, so würden Sie sofort misstrauisch. Doch die kulturellen Details, die in diesen Geschichten erwähnt werden, entsprechen genau der Zeit, in der die Hauptpersonen lebten, das hat die Archäologie gezeigt. Daher glaube ich, dass es keinerlei Grund gibt, die Wahrhaftigkeit dieser Berichte anzuzweifeln. Der einzige Aspekt, für den es keine natürliche Erklärung gibt, ist, dass Engel eine große Rolle spielen. Doch das tun sie in der gesamten Bibel, insbesondere während des Wirkens Jesu auf der Erde, und noch mehr im Buch der Offenbarung. Wenn Sie also Probleme mit Engeln haben, haben Sie Probleme mit der gesamten Bibel. Abgesehen davon sind diese biblischen Geschichten sehr simpel: Es geht um einfache Männer und Frauen, die geboren werden, sich verlieben, heiraten, Kinder bekommen und sterben. Was ist daran problematisch? Sie halten sich Schafe, Ziegen und Rinderherden und ernten Getreide, was ist daran schwierig? Sie haben Unstimmigkeiten, streiten sich und kämpfen miteinander; ist das irgendetwas Neues? Sie errichten Zelte, bauen Altäre und beten Gott an. Alle diese Dinge liegen vollkommen im Rahmen normaler menschlicher Erfahrungen. Was ist also anders an diesen Geschichten? Die Antwort lautet: Gott spricht mit ihnen, und sie sprechen mit ihm; sie kommunizieren miteinander. Der Gott des gesamten Universums schließt Freundschaft mit Abraham. Das wäre eine wunderschöne Grabinschrift. Hätten Sie das nicht gerne auf Ihrem Grabstein stehen: Freund Gottes? Gott nannte ihn so: „Das ist mein Freund Abraham." Ist das nicht bemerkenswert? Das ist der Skandal der besonderen Erwählung. Die Menschen können es nicht verkraften, dass Gott persönliche Freundschaften schließt. Ihrer Meinung nach ist das unangemessen, doch genau das passiert in diesen Geschichten.

Die entscheidende Frage lautet: *Warum* hat Gott beschlossen, als der Gott Abrahams, Isaaks und Jakobs zu gelten? Warum sollte er sich mit ihnen identifizieren? Was ist das Besondere an ihnen? Diese Frage haben sich Menschen seither gestellt: Was ist an den Juden so besonders? Warum sollten ausgerechnet sie das auserwählte Volk sein und nicht wir? Das ist zumindest der Hintergedanke bei der Frage: „Warum sind sie das auserwählte Volk?" Sie können es fast hören, wie sie zu sich selbst sagen: „…und nicht wir?

Denn wir sind so viel wichtiger, begabter oder was auch immer, als sie." Das stimmt nicht. Doch die Antwort liegt in Gottes *souveräner Wahl*. Es geht nicht um willkürliche, sondern um *souveräne Erwählung*. Es ist sehr deutlich, dass diese drei Männer keinen *natürlichen* Anspruch auf Gottes Gunst hatten. In aller Freiheit initiierte Gott die Beziehung mit ihnen. Sie konnten nicht behaupten: „Wir haben diese Verbindung verdient." Tatsächlich ist es sehr auffällig, dass in jeder Generation der Sohn, der *normalerweise* das Familienvermögen vom Vater geerbt hätte, es gerade nicht tat. Denn zur damaligen Zeit erbte der älteste Sohn das Familienunternehmen und das Familienvermögen. Doch in jeder Generation erwählt Gott nicht den ältesten, sondern den jüngsten Sohn. Er zieht Isaak dem Ismael vor und erwählt Jakob statt Esau. Als wollte er sagen: Niemand hat einen *natürlichen* Anspruch auf meine Liebe, ich gebe sie einfach, wem ich will. Es ging daher nicht um die Frage einer direkten erblichen Linie durch den ältesten Sohn. Weder Isaak noch Jakob waren die Erstgeborenen. Was sie ererbten, war ein Geschenk aus Gnade. Sie hatten also keinen natürlichen Anspruch. Noch auffälliger ist die Tatsache, dass keiner dieser drei Männer einen *moralischen* Anspruch auf Gott hatte. Keiner der drei konnte behaupten, besser zu sein als irgendjemand anderes. Tatsächlich ist die Bibel ein ehrliches Buch und sagt uns, dass alle drei Lügner waren. Alle drei! Uns werden keine Idealbilder von drei großen Heiligen vermittelt. Uns werden sehr gewöhnliche Männer vorgestellt, die wie wir ihre Schwächen hatten. Sowohl Abraham als auch Isaak logen wie gedruckt, um ihre eigene Haut zu retten, als es um ihre eigenen Frauen ging. Was hatten sie also, was andere nicht hatten – warum sollte Gott sie erwählen? Und Jakob war der Schlimmste von ihnen. Niemand von uns hätte Jakob gerne zum Verwandten. Wir würden panisch darüber nachdenken, was mit unserem Geld oder mit irgendetwas anderem passieren könnte. Er war ein Intrigant, allerdings fiel es auf ihn zurück. Bei einem bestimmten Vers in der Bibel kann ich mir das Lachen nicht verkneifen: „Am Morgen aber, siehe, da war es Lea." Ich nehme an, Sie kennen die Geschichte. Es ist der erste Morgen seiner Flitterwochen, und er erschrak, denn er hatte die hässliche Schwester bekommen, weil er im Dunkeln zu Bett ging und sie während der gesamten Hochzeit verschleiert war. Er hatte sieben Jahre lang gearbeitet, um die hübsche Schwester zu bekommen, und sein Schwiegervater schob ihm die hässliche unter. Wäre das Ihnen passiert, würden Sie nicht lachen, doch geschähe es mit Ihrem besten Freund… der Humor der Bibel wird hier ziemlich deutlich. Doch die Lektion dieses Verses ist sehr tiefgreifend: „Was ein Mann sät, wird er ernten." Wir haben hier einen Mann, der seinen eigenen blinden und alten Vater täuschte, und jetzt betrügt ihn jemand. Darüber darf er sich eigentlich nicht beschweren. Das ist der betrogene Betrüger.

Es handelt sich um sehr menschliche Männer – sie haben Schwächen und machen Fehler, sie tun das Falsche und manchmal auch das Richtige. Warum sollte Gott sagen: „Ich bin der Gott Abrahams, Isaaks und Jakobs"? Wir müssen diese Kapitel nach einem weiteren Aspekt durchsuchen. Alle von ihnen lebten in Bigamie, sogar in Polygamie. Was war an ihnen so besonders? Die Antwort lautet: Das, was diese drei Männer auszeichnete, war etwas sehr Einfaches: Glaube. Diese Männer glaubten an Gott. Gott kann Wunder vollbringen, wenn jemand glaubt. Er zieht einen gläubigen Menschen einem guten Menschen vor. Er sagte sogar zu Abraham, dass sein Glaube ihm als „Gerechtigkeit" *angerechnet* würde. An Gott zu glauben ist das Beste, was Sie tun können. Jesus wurde gefragt, was wir tun müssten, um den Willen Gottes zu vollbringen. Was verlangt Gott von uns? Die Antwort Jesu war sehr deutlich, er sagte: „Glaubt dem, den er gesandt hat." Das ist alles. Der Glaube steht am Anfang eines guten Lebens. Sie mögen viele gute Werke tun, doch wenn Sie nicht an Gott glauben, was bringen sie Ihnen? Gott rechnete Abraham seinen Glauben als Gerechtigkeit zu.

Isaak und Jakob teilten diesen Glauben, auch wenn sie in ihrer Persönlichkeit und ihrem Temperament sehr verschieden waren. Doch was alle drei verband, war die Tatsache, dass sie an Gott glaubten.

Abraham zeigte seinen Glauben, indem er Ur in Chaldäa verließ. Dort, an seinem Wohnort, gibt es eine große Zikkurat, einen Turm, der bis an den Himmel reichte. Diese Stadt Ur war ein sehr beeindruckender Ort. Zu Abrahams Lebzeiten hatten die Wohnhäuser in Ur üblicherweise Kaminöfen. Können Sie sich das vorstellen? Es war eine höchst fortschrittliche und kultivierte Stadt – sehr modern für die damalige Zeit. Doch Gott sagte zu einem Mann, der an einem solchen Kamin saß: „Ich will, dass du für den Rest deines Lebens in einem Zelt lebst." Und dieser Mann, Abraham, war damals 75 Jahre alt. Würden Sie im Alter von 75 Jahren einen solchen warmen Ofen verlassen und für den Rest Ihres Lebens in einem Zelt in den Bergen hausen, wo es im Winter kalt ist und schneit? Hätte dieser alte Mann jedoch nicht gehorcht, wären Sie heute kein Christ. Das war Abraham. Er verließ einen erstaunlichen Ort, um in einem Zelt in den Bergen zu leben und sich um ein paar Schafe und Ziegen zu kümmern – weil Gott gesagt hatte: „Ich will, dass du mit mir gehst, in ein Land, das du noch nie gesehen hast, und du wirst deine Heimat nie wiedersehen. Du sollst deine Familie und deine Freunde verlassen." Tatsächlich nahm Abraham jedoch seinen Vater und andere Familienmitglieder bis nach Haran mit, das auf der Hälfte des Weges lag. Ihnen reichte es bereits, und sie ließen sich dort nieder. Doch der alte Abraham setzte die Reise mit seinem Neffen Lot fort. Er vertraute Gott und glaubte ihm sogar, dass er ihm einen

Sohn schenken konnte. Angesichts der Tatsache, dass seine Frau damals bereits 90 Jahre alt war, ist es kein Wunder, dass sie den Jungen bei seiner Geburt „Witz" nannten. *Isaak, hebräisch Jitzhak,* bedeutet „lachen". Was für ein Witz! Als Sarah zum ersten Mal hörte, dass sie in ihrem Alter schwanger werden würde, lachte sie lauthals los. Und Gott hörte ihr Lachen. Doch sie glaubten!

Allerdings kam Abrahams Glaube ein wenig ins Wanken. Zunächst wartete er elf Jahre, und noch immer war kein Sohn in Sicht, während seine Frau immer älter wurde. Auf Sarahs Vorschlag hin versuchte Abraham, einen Nachkommen von Sarahs Magd Hagar zu bekommen. So wurde Ismael geboren. Doch Ismael war kein „Kind des Glaubens", sondern ein „Kind des Fleisches", das Gott nicht erwählt hatte. Glauben Sie jedoch nicht, das sei Ismael gegenüber unfair gewesen. Denn Gott segnete Ismael und versprach ihm, dass er zum Vater vieler Nationen werden würde. Von ihm würden 12 Prinzen abstammen – noch heute ist Ismael der Vater der arabischen Nationen. Gott erniedrigte ihn also nicht, aber er erwählte ihn auch nicht – nicht für diese Abstammungslinie des Glaubens, denn Ismael zeigte keinen Glauben, doch er wurde gesegnet. Vor allem bewies Abraham Glauben, als Gott ihn fragte: „Bist du bereit, mir deinen Sohn, deinen einzigen Sohn zu opfern?" Das geschah viele Jahre, nachdem Isaak, der Sohn der Verheißung, geboren worden war. „Bist du bereit, ihn mir zu opfern?" Die Bibel berichtet uns, dass Abraham bereit war, Isaak als Opfer zu schlachten, *weil* er glaubte, dass Gott ihn von den Toten auferwecken würde, nachdem Abraham ihn getötet hatte.

Wenn man bedenkt, dass Gott so etwas noch nie zuvor getan hatte, war das ein beachtlich starker Glaube! Doch aus diesem Grund war Abraham dazu bereit. Denn er war überzeugt, dass Gott Isaak aus dem Totenreich zurückbringen könnte, weil er auch bewirkt hatte, dass Abraham in sehr hohem Alter Isaak zeugen konnte. Damals, so sagt es die Bibel, war sein Körper „schon so gut wie tot." Daher sagte sich Abraham: Wenn Gott aus meinem toten Körper Leben hervorbringen kann, dann kann er auch meinen Sohn aus den Toten auferwecken. Was für ein Glaube! Isaaks Glaube zeigte sich darin, dass er bereit war, sich mit Anfang 30 opfern zu lassen. Jedes Bild, das ich von dieser Opferung Isaaks gesehen habe, zeigt Isaak als Junge von 12 Jahren. Haben auch Sie dieses Bild im Kopf? Sie werden jedoch keinen Juden finden, der das glaubt, weil die Juden ihre Bibel kennen und sie nicht in Kapitel eingeteilt haben wie wir. Nachdem Isaak fast geopfert wurde, ist der Tod Sarahs das nächste Ereignis. Sie ist 127 Jahre alt, als sie stirbt, und Isaak ist 37. Isaak war also Anfang dreißig, als er sich seinem Vater Abraham, einem alten Mann, unterordnete. Das tat er auf einem Berg, der Moria genannt wird. Später wurde aus ihm der Berg Golgatha. Ist das nicht eine erstaunliche Geschichte? Übrigens bewies Isaak auch Glauben, dass Gott ihm eine Frau auswählen würde, und er akzeptierte die Frau nach Gottes Wahl, Rebekka.

Als Nächstes müssen wir feststellen, dass Jakob Glauben hatte. Allerdings glaubte er zunächst nur an sich selbst. Er konnte seinen Vater mit List und Tücke dazu manipulieren, ihn zu segnen. Doch wenigstens zeigte sein Verhalten, dass er den Segen wollte, was positiv zu bewerten ist. Später allerdings musste Gott diesen Mann „zerbrechen". Nachdem er die ganze Nacht mit Gott gekämpft hatte, humpelte er für den Rest seines Lebens. Doch von diesem Moment an glaubte er wirklich an Gott – und er glaubte, dass aus seinen 12 Söhnen die 12 Stämme Israels hervorgehen würden. Trotz all ihrer Fehler, Schwächen und ihrer Mischung aus Gut und Böse zeichneten sich diese Männer durch ihren Glauben an Gott aus. Sie hatten Glauben; im starken Gegensatz zu ihren Verwandten, die Menschen des Fleisches statt des

Glaubens waren. Unter ihnen waren Materialisten, die keine geistliche Sicht hatten. Lot zum Beispiel bevorzugte es, in das fruchtbare Jordantal hinabzuziehen, statt auf den kargen Hügeln zu leben. Die Familien von Abraham und Lot waren in Streit geraten, und Abraham schlug vor, dass sie besser an verschiedenen Orten leben sollten – das ist manchmal weise –, und sagte: „Lot, du kannst dir deinen Wohnort aussuchen. Wo möchtest du wohnen? Ich ziehe dann woanders hin." Es ist erstaunlich, dass Abraham so mit Lot redete. Es hätte andersherum laufen müssen. Doch Lot blickte hinab in das Tal, durch das sich der Jordanfluss schlängelte, wo es einen Urwald gab, sehr fruchtbares Land und ein warmes, tropisches Klima. Das alles zog ihn sehr an, und er sagte: „Ich gehe hinab in das Tal, es sieht gut aus." Abraham antwortete: „In Ordnung. Ich bleibe in den Hügeln." Doch Gott ist ein Gott der Hügel, während Lot nur seinen natürlichen Augen traute.

Wir sehen das nicht nur bei Lot, sondern auch bei Ismael und Esau. Esau zog einen Teller „Instantsuppe" dem Segen seines sterbenden Vaters vor. Er nahm lieber die Suppe, und das Esau-Syndrom gibt es heute noch. Die Menschen wollen alles jetzt und sofort oder spätestens am nächsten Dienstag. Der Hebräerbrief fordert uns auf, nicht wie Esau zu sein, der seinen Handel bereute und später unter Tränen um den Segen bat, jedoch ohne wirklich Buße zu tun. Wir sehen also diese drei Männer des Glaubens, die ihren fleischlichen Verwandten gegenübergestellt werden. Noch heute zieht sich dieser Unterschied durch die meisten Familien: Menschen, die im Glauben leben, und andere, die im Fleisch leben.

Diesen Kontrast können wir auch an ihren Frauen erkennen. Meine Damen, wenn Sie diese Kapitel lesen, betrachten Sie die Ehefrauen, sie sind sehr interessant. Sarah, Rebekka und Rahel hatten alle eines gemeinsam: Sie waren sehr schön. Nicht glamourös, sondern schön. Der äußere Glanz verblasst, doch die Schönheit nimmt zu. Ein Freund von mir, ein Methodistenpfarrer, veranstaltete einen Schönheitswettbewerb in seiner Gemeinde. Das geschah vor 35 Jahren, und seine Gemeinde war geschockt. Doch es gab eine Bedingung: Jede Teilnehmerin musste mindestens 60 Jahre alt sein. Damit wollte er zeigen, dass äußerer Glanz und wahre Schönheit verschiedene Dinge sind. Die drei Ehefrauen der Patriarchen besaßen die bleibende Schönheit des inneren Menschen. Sie alle ordneten sich zudem ihren Männern unter. Wechseln wir das Thema! Die Frauen der anderen Verwandten stellten wieder einen Gegensatz dar. Am Südende des Toten Meeres gibt es einen Felsen, dessen Form sehr ungewöhnlich ist. Er heißt „Lots Frau" und erinnert an eine Frauengestalt, die wegläuft. Selbst Jesus hat uns aufgefordert, an Lots Frau zu denken. Sie drehte sich nach dem bequemen Leben um, das sie gerade verließen. Doch es war ein Leben, das Gott richten würde. Sie lebten in Sodom, und der Name dieser berüchtigten Stadt ist in die Geschichte eingegangen.

Danach halten wir also Ausschau, wenn wir diese Kapitel lesen. Wir suchen nach Glauben und Fleisch, nach dem Kontrast zwischen Männern und ihren Frauen. Dann beginnen wir zu verstehen, warum Gott sagt: Ich gehöre zu dieser Seite der Familie und nicht zur anderen.

Nun wollen wir diese drei Männer detaillierter betrachten. Gott machte Abraham eine Verheißung, auf die wir uns immer noch beziehen. Der Herr begann die Schöpfung mit einem Mann und auch die Erlösung nahm mit einem Mann ihren Anfang. Er hieß Abraham. Und Gott schloss einen Bund – dieses wunderschöne Wort durchzieht die Bibel bis hin zum Abendmahl – denn „dies ist das Blut des neuen Bundes" – dieser Begriff Bund ist sehr wertvoll. Er ist nicht dasselbe wie ein „Vertrag". Es geht nicht um einen Handel zwischen zwei Personen, die gleich stark und mächtig sind. Ein Bund wird allein von einer Partei geschlossen, um die andere zu segnen. Die andere Partei hat nur zwei Alternativen: entweder die Bedingungen anzunehmen oder sie abzulehnen. Sie kann sie nicht verändern. Wenn Gott Bündnisse schließt, dann hält er sie und besiegelt sie mit einem Schwur. Haben Sie schon einmal gehört, wie Gott schwört? Legt ein Mensch einen Schwur ab, so tut er dies im Namen einer Macht, die größer ist als er selbst. Manche sagen: „Ich schwöre, der Himmel ist mein Zeuge." Für Gott gibt es jedoch kein höheres Wesen, bei dem er schwören könnte, daher schwört er bei sich selbst. Erklärt ein Mensch: „Ich schwöre bei Gott", so sagt Gott: „Bei mir selbst habe ich geschworen."

Gott sagt die Wahrheit, die ganze Wahrheit und nichts als die Wahrheit – und er hat Abraham eine Verheißung gegeben. Ein Bund ist mit einer Ehe vergleichbar, und die Schlüsselworte sind immer „ich will". Wenn Sie 1. Mose 12 lesen, stellen Sie fest, dass Gott sechsmal sagt: „Ich will." Tatsächlich hat sich der Gott des Universums mit dieser speziellen Familie verheiratet. Er versprach ihnen einen Ort, an dem sie leben sollten; er gab ihnen ein kleines Stück Land an der Schnittstelle der Kontinente. Genau im Zentrum der Landmassen der Erde liegt Jerusalem. In diesem Land kreuzen sich die Handelswege von Afrika nach Asien und von Arabien nach Europa, in der Nähe eines kleinen Hügels, der auf Hebräisch Armageddon heißt; das ist die Hauptkreuzung der Welt. Gott sagt zu ihnen: „Das ist der Ort, den ich euch für immer geben werde." Sie halten praktisch die Eigentumsurkunde für dieses Land in ihren Händen, was auch immer alle anderen sagen mögen. Denn Gott hat ihnen das Recht auf dieses Land gegeben, und zwar Abraham und seinen Nachkommen bis in alle Ewigkeit.

Das Zweite, was er ihnen versprach, waren Nachkommen – es würde immer Nachkommen Abrahams auf dieser Erde geben.

Die dritte Verheißung besagte, dass er *sie* dazu gebrauchen würde, jede andere Nation entweder zu segnen oder zu verfluchen. Die Berufung der Juden ist es, Gott mit allen anderen zu teilen. Das kann sich in zweierlei Weise auswirken. Gott sagte zu Abraham: „Wer dir flucht, den werde ich verfluchen, und wer dich segnet, den werde ich segnen." Das gilt heute immer noch, wie schon viele Menschen festgestellt haben. Im Gegenzug erwartete Gott als erstes, dass jeder männliche Jude beschnitten würde, als Zeichen, dass er in diesen Bund hineingeboren wird. Zweitens verlangte er, dass Abraham Gott gehorchte und alles tat, was Gott ihm auftrug. Dieser Bund ist das Herzstück der Bibel. Auf seiner Grundlage sagte Gott: „Ich werde euer Gott sein, und ihr werdet mein Volk sein." Dieser Satz wiederholt sich durch die gesamte Bibel hindurch bis zur letzten Seite der Offenbarung. Dort steht er noch einmal: „Ich werde ihr Gott sein, und sie werden mein Volk sein." Ein wunderschöner Satz. Gott will bei uns bleiben, er will unter uns wohnen und mit uns leben. Wie Sie schon wissen, zieht Gott selbst ganz am Ende der Bibel aus dem Himmel aus und kommt auf die Erde herunter, um für immer mit uns auf einer neuen Erde zusammenzuleben. Er will bei uns bleiben, er wünscht sich ein Leben als Familie, er will unser Vater sein: Einzig und allein aus diesem Grund hat er unser Universum und auch uns erschaffen.

Jakob ist wohl die schillerndste Persönlichkeit von allen, ein echtes Muttersöhnchen. Schon bei seiner Geburt hielt er die Ferse seines rothaarigen Zwillingsbruders Esau fest. Er war habgierig von Anfang an, doch Gott wusste mit ihm umzugehen. Esau zog an einen Ort, den wir heute Petra nennen. Vielleicht haben Sie diese faszinierenden Tempel besichtigt, die aus dem roten Sandstein herausgearbeitet wurden. Hier legte Esau den Grundstein für das Volk Edom. Der Hass zwischen Ismael und Isaak existiert im Nahen

Osten immer noch, er zeigt sich in den Spannungen zwischen Arabern und Juden. Doch der Hass zwischen Esau und Jakob ist verschwunden. Die letzten Edomiter waren unter dem Namen Herodes bekannt. Ein Nachkomme Esaus herrschte als König über die Juden, als Jesus geboren wurde. Er tötete alle Säuglinge in Bethlehem, um diesen Nachkommen Jakobs zu beseitigen, der als neuer König geboren wurde.

Schließlich möchte ich noch darauf hinweisen, dass Abraham, Isaak und Jakob ihren Glauben alle auf eine besondere Art und Weise zeigten. Jeder von ihnen vermachte seinem Sohn etwas, was er selbst nicht besaß. Abraham sagte: „Mein Sohn Isaak, ich vermache dir das ganze Land in deiner Umgebung." Isaak erklärte seinem Sohn Jakob: „Das ganze Land hinterlasse ich dir." Jakob sagte zu seinen 12 Söhnen: „Das ganze Land vererbe ich euch." Doch keiner von ihnen besaß, was sie den anderen vermachten, außer einer Höhle, dem Familiengrab in Hebron, die Höhle von Machpela. Ist das nicht erstaunlich? Welchen Glauben braucht man, um ein Testament zu schreiben, in dem man das ganze Land seinen Nachkommen vererbt, das man noch nie besessen hat! Doch sie glaubten, dass Gott es ihnen gegeben hatte und dass eines Tages das ganze Land ihnen gehören würde.

Zu guter Letzt, wenn ich Hebräer 11 lese, dann erfahre ich etwas über diese Männer Abraham, Isaak und Jakob, über ihren Glauben, und dort steht, dass sie alle „im Glauben gestorben sind." Sie glaubten nicht nur für einen oder zwei Tage. Als sie starben, glaubten sie immer noch, denn sie erlebten es nicht, dass sich die Verheißungen erfüllten. Beachten Sie, was im selben Kapitel steht: Sie wurden alle für ihren Glauben gelobt, doch keiner von ihnen empfing das, was ihm versprochen worden war.

Gott hatte für *uns* etwas Besseres vorgesehen, damit *sie nicht ohne uns vollendet werden sollten*. Abraham, Isaak und Jakob sind nämlich nicht tot. Ich habe ihre Gräber, in denen ihre Leichen liegen, in Hebron besichtigt, doch sie sind nicht tot. Jesus erklärte, dass Gott der Gott Abrahams, Isaaks und Jakobs *ist*. Er *war* es nicht, sondern *er ist es*. Er ist nicht der Gott der Toten, sondern der Gott der Lebenden – und wir beten den Gott Abrahams, Isaaks und Jakobs an. Sie sind immer noch lebendig und werden nicht ohne uns vollendet. Sie gehören zur großen Wolke der Zeugen, die jetzt unseren Lauf beobachten, denn ihre Vollendung, die Erfüllung ihrer Verheißungen, hängt auch von uns ab. Wir alle werden sie gemeinsam erlangen. Wenn Jesus zurück auf die Erde kommt, werden Sie sehen, wie Abraham, Isaak und Jakob mit ihm gemeinsam zurückkehren – zusammen mit uns werden sie in Gottes Augen vollkommen sein – und ohne alle unsere Schwächen werden wir das Bild Gottes perfekt widerspiegeln.

6

JOSEF UND JESUS

Die meisten kennen Josefs Geschichte. Wenn Sie in einer christlichen Gemeinde aufgewachsen sind, wurde sie Ihnen bestimmt im Kindergottesdienst erzählt. Es ist eine Geschichte, die für Kinder sehr ansprechend ist: Am Ende besiegt der Gute die Bösen. Man hat daraus sogar ein Musical gemacht, „Joseph and the Amazing Technicolor Dreamcoat" (Josef und sein erstaunlicher, farbenprächtiger Mantel), auch wenn es sich dabei vermutlich um einen Irrtum handelt: Es war wohl eher ein Mantel mit langen Ärmeln, als ein buntes Kleidungsstück, selbst wenn die Übersetzung „New International Version" sagt, dass er reich verziert war. Ganz bestimmt war es ein besonderer Mantel, höchstwahrscheinlich mit langen Ärmeln, denn einem der Jungs wurde immer die Aufgabe des Vorarbeiters übertragen. Während die anderen ihre Ärmel hochkrempeln oder kurzärmelig arbeiten mussten, hatte der Vorarbeiter einen langärmligen Mantel. Josef erhielt dadurch das Sagen über seine Brüder, obwohl er nicht der Älteste war. Daher können Sie sich vorstellen, was in dieser Familie los war. Doch das ist nicht die Hauptsache. Das Wichtigste ist, dass Josef die vierte Generation repräsentiert, er ist der Urenkel Abrahams und wieder ist er nicht der Älteste. Ein klares Muster ist erkennbar: Den Segen empfängt nicht der natürliche Erbe. Gott entscheidet in seiner Gnade, wer ihn bekommt. Üblicherweise ist es einer der Jüngeren. Allerdings gibt es einen großen Unterschied zwischen Josef und den vorangegangenen drei Generationen. Gott bezeichnet sich selbst nie als der „Gott Josefs". Auch hat Josef, im Gegensatz zu seinen Vorfahren, zu keiner Zeit Engelsbegegnungen. Und seine Brüder werden *nicht* zurückgewiesen, sondern in die göttliche Abstammungslinie Sets eingeschlossen. Es gibt also nicht denselben Kontrast, obwohl seine Brüder ihn zunächst nicht besonders gut behandeln. Darüber hinaus spricht Gott nie direkt zu Josef. Vielleicht ist Ihnen das noch nicht aufgefallen. Zweifellos offenbart Gott Josef bestimmte Dinge in Träumen und schenkt ihm die Auslegung dazu. Doch Gott spricht nicht direkt zu Josef, und Josef spricht laut dem biblischen Bericht auch nicht direkt mit Gott. Wir erkennen hier also einen Unterschied. Wenn Sie das Buch Genesis durchlesen, wird Ihnen bewusst, dass Josef sich irgendwie von den anderen abhebt.

Warum? Was ist bei ihm anders? Und warum wird uns seine Geschichte erzählt?

Der Grund dafür ist zum Teil offensichtlich. Denn im nächsten Buch der Bibel sehen wir, dass sich seine ganze Familie in der Sklaverei in Ägypten befindet. Irgendwie muss man ja erklären, wie sie dorthin gekommen ist. Die Josefgeschichte ist ein wichtiges Bindeglied, die uns verdeutlicht, wie Jakob mit seiner Familie nach Ägypten auswanderte – aus demselben Grund, aus dem bereits Abraham und Isaak nach Ägypten gezogen waren: Es herrschte eine Hungersnot, die Lebensmittel waren knapp. Ägypten ist nicht vom Regen abhängig, da der Nil aus dem äthiopischen Hochland herabfließt und das Land bewässert. Das Land Israel hingegen ist für seine Ernten vollkommen auf den Regen angewiesen, den der Westwind vom Mittelmeer mit sich führt. Die Josefgeschichte dient also zumindest als Bindeglied zum nächsten Buch der Bibel. Nach Josef fällt der Vorhang für rund 400 Jahre. Über diese Zeit erfahren wir gar nichts. Dann öffnet sich der Vorhang wieder. Josefs Familie ist mittlerweile zu einem Volk von vielen hunderttausend Menschen geworden. Doch nun leben sie als Sklaven in Ägypten. Wenn das der einzige Grund für die Josefgeschichte im Buch Genesis ist, so wissen wir immer noch nicht, warum ihr so viel Platz eingeräumt wird. Isaak und Jakob hatten viel weniger. Was ist nun so wichtig an diesem Mann? Warum erfahren wir so viele Details? Geht es nur um das Vorbild eines guten Mannes? Und das Fazit, dass das Gute am Ende siegt? Nein, es geht um viel mehr als das. Es gibt mindestens vier Blickwinkel, unter denen wir die Josefgeschichte betrachten können. Der erste ist schlicht und einfach die menschliche Perspektive. Die Geschichte ist anschaulich und hervorragend erzählt. Ihre Hauptpersonen sind sehr authentisch. Es ist ein großartiges Abenteuer, fantastischer als die Vorstellung erlaubt. Einige außergewöhnliche Zufälle passieren. Man könnte Josefs Leben in zwei Kapiteln zusammenfassen: Kapitel 1: abwärts, Kapitel 2: aufwärts. Vom Lieblingssohn seines Vaters ging es für ihn ganz steil abwärts, bis er nur noch ein Haussklave war. Dann stieg er von einem vergessenen Gefangenen bis zum Premierminister auf, eine erstaunliche Geschichte: die gesamte soziale Leiter abwärts und dann wieder bis ganz nach oben. Irgendetwas daran spricht uns an, und zwischendrin sehen wir den Neid seiner Brüder. Der Schlüssel zu allem scheinen seine Träume zu sein. Allerdings glaube ich nicht, dass Josef die taktvollste Person der Bibel war, ganz im Gegenteil, ich halte ihn für ziemlich taktlos; eingebildet genug, seinen Brüdern zu sagen: Ich hatte einen Traum, in dem ihr euch alle vor mir verbeugt habt. Auf diese Art gewinnt man weder Freunde noch beeinflusst man Menschen positiv, doch es entsprach der Wahrheit. Er hatte diesen Traum, ob er ihn nun hätte erzählen sollen oder nicht. Gleichzeitig machen wir alle Fehler bei der Frage, ob wir Offenbarungen von Gott weitererzählen sollen, daher sollten wir ihm das nicht verübeln. Das ist ein Blickwinkel: eine Geschichte, die das Leben schrieb und die sich für ein tolles Musical am Londoner West End eignete. Ich habe es gesehen, und viele Schulen haben es ebenfalls aufgeführt. Als Zweites kann man die Josefgeschichte auch aus Gottes Perspektive betrachten. Gott handelt in der Geschichte. Obwohl er nicht mit Josef spricht, ist er doch hinter den Kulissen aktiv. Der unsichtbare Gott orchestriert die Umstände, um seine Absichten und Pläne voranzubringen. Er offenbart sie durch Träume. Menschen werden Dinge, die sie in Träumen sehen, leichter akzeptieren als im Wachzustand. Ich selbst habe einige sehr besondere Träume, in denen ich häufig am falschen Tag oder mit den falschen Notizen bei einer Veranstaltung erscheine. Schweißgebadet wache ich dann auf, es sind eher Albträume. Doch witzigerweise nimmt man in Träumen alles Mögliche für bare Münze, daher muss Gott manchmal auf diese Art zu uns sprechen, doch immer ist eine Auslegung erforderlich.

Josef erklärte, dass diese Träume von Gott kämen, genau wie ihre Interpretation. Daniel wurde später für dieselbe Gabe bekannt. Gott ist tatsächlich die Hauptfigur in dieser Geschichte, auch wenn das im Musical nicht deutlich wird. Gott ist hinter den Kulissen aktiv und orchestriert alles – keine direkten Wunder, sondern göttliche Fügungen. Oft handelt Gott auf diese Art und Weise. Es ist zwar nicht so spektakulär oder sensationell, doch Gott hat seine eigenen Wege, Zusammentreffen mit Menschen zu arrangieren, die Ihr Leben verändern werden. Er wirkt hinter den Kulissen und erfüllt so seine Pläne. Er regiert.

Diese Fügungen sind das genau Gegenteil von glücklichen Zufällen. Vielleicht wissen Sie, dass das hebräische Wort für Glück „gad" heißt – früher war der englische Ausdruck „by gad" (durch glücklichen Zufall) beliebt. Sie können sich in ihrem Leben entweder auf Gott oder auf das Glück verlassen

(Hufeisen auf Hochzeiten und Ähnliches). Es ist erstaunlich, wie viele Menschen auf das Glück vertrauen – und die landesweite Lotterie. Sie glauben, dass ihre Umstände das Ergebnis von glücklichen Zufällen sind. Doch Josef glaubte das nicht. Er glaubte, dass seine Lebensumstände von Gott beherrscht wurden und dass Gott hinter den Dingen stand, die ihm zustießen. Er konnte das nicht sehen, als sie passierten, doch später erkannte er es. Oft erkennen Sie Gottes Wirken in Ihrem Leben erst im Rückblick, während Sie damals nicht verstanden, was mit Ihnen geschah. Der Schlüssel-Vers der Josefgeschichte steht in Kapitel 45, Vers 7, als er sich endlich seinen Brüdern zu erkennen gibt. Zuvor hat er sie gedemütigt und sehr beschämt. Nachdem er ihnen alles vergeben hat, was sie ihm angetan haben, sagt er zu ihnen: „Aber Gott hat mich vor euch hergesandt, um euch einen Überrest zu sichern auf Erden und um euch am Leben zu erhalten zu einer großen Errettung" (SLT). Das ist eine sehr wichtige Aussage. *Gott hat mich vor euch hergesandt.* Josefs Brüder dachten, sie wären ihn dadurch losgeworden, dass sie ihn als Sklaven an reisende Kamelhändler verkauften. Damit war die Sache für sie erledigt. Sie beschmierten seinen besonderen Mantel mit dem Blut einer Ziege und brachten diesen zum armen alten Jakob. Sie erzählten ihm, sie hätten den Mantel auf dem Feld gefunden. „Dein Lieblingssohn muss gestorben sein." Schrecklich, jemandem so etwas anzutun, besonders dem alten Jakob. Doch Josef sagte: „Gott hat mich vor euch hergesandt." Gott lässt bestimmte Dinge zu; er zwingt niemanden, anderen etwas anzutun, aber er lässt es zu, manchmal auch, um seine eigenen Pläne zu erfüllen; und diesen Glauben hatte Josef, dass Gott ihn vor seinen Brüdern hergesandt hatte. Das war natürlich das Ergebnis ihres Handelns, denn Josef wurde zum ägyptischen Landwirtschaftsminister. Er hatte die Träume des Pharaos interpretiert, dass es sieben fette Jahre mit guten Ernten und danach sieben dürre Jahre geben würde. Dann sagte er: „Wir sollten besser Nahrungsmittelvorräte anlegen, dann werden wir genug zum Leben haben." Seine Voraussicht durch diesen Traum rettete tatsächlich das ganze Land Ägypten – und seine eigene Familie, als ihr ebenfalls die Vorräte auszugehen drohten und sie nach Ägypten kam. Er wurde zu ihrem Erretter.

Gott wollte, dass sein Volk in Ägypten lebte, und genauso geschah es. Warum sollten sie in Ägypten leben, wenn er ihnen das Land Israel bzw. das Land Kanaan versprochen hatte? Die Antwort darauf gab er viele Jahre zuvor schon Abraham. Gott sagte zu Abraham, dass seine Familie hunderte von Jahren in Ägypten bleiben müsste, „bis das Maß der Schuld der Amoriter" voll geworden sei. Mit anderen Worten: Gott würde Abrahams Familie nicht einfach erlauben, das Verheißene Land von seinen Bewohnern zu erobern. Erst mussten diese so verdorben werden, dass sie ihr Recht auf das Land und auf ihr eigenes Leben verwirkt hätten. Gott ist also ein *ethischer* Gott: Er würde nicht einfach ein Volk aus dem Land vertreiben und sein eigenes Volk hineinsetzen. Es geschah erst, als die Ureinwohner so verdorben wurden – und die Archäologie hat gezeigt, wie furchtbar verdorben das war. Geschlechtskrankheiten waren im Lande Kanaan weit verbreitet. Die Kanaaniter waren verdorben und dekadent. Erst, als sie schließlich den Punkt ohne Wiederkehr erreicht hatten, sagte Gott zu seinem Volk: „Jetzt könnt ihr dieses Land haben." Wer behauptet, es sei ungerecht gewesen, dass Gott das Land den Juden gegeben hätte, irrt sich gewaltig. Er musste die Kinder Israel in Ägypten belassen, bis das Volk in Kanaan so verdorben war, dass seine Vertreibung ein gerechtes Urteil darstellte.

Doch es gab noch andere Gründe: Gott *wollte*, dass sein auserwähltes Volk versklavt wurde. Es gehörte zu seinem

Plan, sie aus der Sklaverei zu befreien, damit sie ihm dankbar wären und ihr Leben nach seinen Plänen gestalteten, als Vorbild für die ganze Welt. An ihnen sollte man erkennen, wie gesegnet die Menschen sind, die unter der Herrschaft des Himmels leben. Das war der Plan. Daher ließ er sie in solche Probleme geraten, dass sie sieben Tage die Woche arbeiten mussten, ohne eigenes Land, ohne eigenes Geld, ohne überhaupt irgendetwas. Dann beugte er sich zu ihnen herab und errettete sie mit seinem starken Arm. Sehen Sie, das alles musste geschehen, und Gott erlaubte es, um seinen eigenen Plan zu erfüllen. Er wollte sie erlösen und erretten. Sie sollten erkennen, dass es Gott war, der sie herausholte und sie in ihr eigenes Land brachte. Das ist also Gottes Perspektive dieser Geschichte.

Doch wir sind immer noch nicht zum wahren Kern vorgedrungen. Wir können die Geschichte auch als eine Charakterstudie Josefs betrachten. Erstaunlicherweise erfahren wir *nichts Negatives* über Josef. Wir haben bereits festgestellt, dass die Bibel die ganze Wahrheit über Abraham, Isaak und Jakob erzählt. Sie hatten ganz sicher ihre Fehler und Schwächen. Doch es fällt kein einziges kritisches Wort über Josef. Ich habe Ihnen schon erzählt: Das Schlimmste, was er tat, war, etwas taktlos zu sein und seinen Brüdern von seinem Traum zu berichten. Doch wir finden nichts über eine falsche Haltung oder Reaktion in Josefs Charakter, selbst als er die gesellschaftliche Leiter bis zum Boden herunterrutschte. Kein Wort der Bitterkeit, keine Klagen, keine Zweifel an Gott, kein verletztes Gerechtigkeitsgefühl, dass er im Gefängnis gelandet war, im Todestrakt von Pharaos Kerker. Darüber hinaus bewahrte er seine Integrität, als Potifars Ehefrau versuchte, ihn zu verführen; und das, obwohl er sich weit von Zuhause entfernt befand und niemand ihn kannte. Als sie es versuchte, sagte er zu ihr: „Wie könnte ich mich so gegen Gott versündigen?" Und

Sie wissen, dass sie ihn daraufhin zu Unrecht beschuldigte, was ihn in den Todestrakt des Gefängnisses brachte. Doch er äußerte kein Wort der Kritik, nicht einmal an Potifars Ehefrau. Was für ein erstaunliches Porträt! Selbst als er ganz unten war, scheint er sich hauptsächlich um andere gekümmert zu haben. So versuchte er, den Mundschenk und den Bäcker des Pharaos im Todestrakt zu trösten. Josef war ein Mann, der um seine eigene Person kein Aufheben machte und gleichzeitig allen anderen ein tiefes Mitgefühl entgegenbrachte. Auch während seines Abstiegs zweifelte er Gott kein einziges Mal an, er stellte nicht in Frage, ob Gott wusste, was er tat. Wir jedoch tun das sehr wohl. Dann sehen wir, wie er auf seinen eigenen Aufstieg reagierte. Ich weiß nicht, was den Charakter eines Mannes härter auf die Probe stellt: der absolute Abstieg oder der totale Aufstieg. Wahrscheinlich ist das Zweite der härtere Test. Betrachten Sie seine Reaktion auf seine Brüder, die ihn in die Sklaverei verkauft hatten. Er gab ihnen Lebensmittel und ließ sie nicht dafür bezahlen, sondern legte ihnen ihr Geld wieder zurück in ihre Reisesäcke. Er vergab ihnen unter Tränen, setzte sich für sie beim Pharao ein und kaufte ihnen das beste Land im Nildelta, das Goschen genannt wurde. Sie hatten ihn verstoßen und seinem Vater erzählt, er sei gestorben. Josef aber sorgte für alle ihre Bedürfnisse. Was für ein Mann!

Josef war tadellos, weder Demütigung noch Ehre konnten daran etwas ändern. Er war ein vollkommen integrer Mann, der einzige, der uns im Alten Testament als solcher gezeigt wird. Es gibt keinen anderen Charakter im Alten Testament, der uns so gezeigt wird, selbst König David nicht – Sie kennen seine Schwächen. Bei jeder anderen Vorstellung einer Person sehen Sie das ganze Bild, doch hier scheint es tadellos zu sein. Sehr ungewöhnlich. Wir lesen über Davids Sünde und Elias Feigheit, wir erfahren von all diesen Schwächen und wissen, dass sie alle Männer mit den gleichen Empfindungen waren wie wir. So sagt es das Neue Testament über Elia. Doch hier ist ein Mann, der absolut integer ist. Es gibt nur eine solche Person im Alten Testament und eine vergleichbare Person im Neuen, und Sie wissen, wer das ist.

In der Mitte der Josefgeschichte gibt es ein Kapitel, das den Leser schockiert. Es handelt von Josefs Bruder Juda. Sollten Sie kürzlich das Buch Genesis durchgelesen haben, muss Ihnen bewusst geworden sein, wie groß dieser Schock ist. Plötzlich, mitten in der Geschichte über diesen guten Mann, sehen wir den scharfen Kontrast zu seinem eigenen Bruder Juda. Juda besuchte eine Frau, die er für eine Prostituierte hielt. Tatsächlich war es jedoch seine Schwiegertochter, die sich verschleiert hatte. Er beging Inzest mit ihr, eine schmutzige Geschichte. Diese Episode wird unvermittelt genau in der Mitte der Josefgeschichte erzählt. Als ob Josef herausgestellt und damit gezeigt werden sollte, dass seine Brüder üble Burschen waren, Josef jedoch nicht. Der Kontrast ist bemerkenswert. Ich kann mir nur diesen Grund vorstellen, warum dieses unappetitliche Geschehen zusammenhangslos in der Mitte der Story erzählt wird. Genauso wie Abraham sich von Lot abhob, Isaak der Gegenpol zu Ismael war und Jakob sich von Esau unterschied, so wird Josef als Gegenbeispiel zu Juda präsentiert.

Wir kommen also dem Grund, warum die Josefgeschichte erzählt wird, immer näher, doch wir haben den Punkt noch nicht erreicht. Bisher haben wir die Geschichte unter drei Blickwinkeln diskutiert: als die rein menschliche Geschichte eines Mannes, der ganz tief nach unten sank, um es dann bis ganz nach oben zu schaffen. Er wurde zum Retter seines Volks und zum Herrn über Ägypten. Es ist auch die Geschichte Gottes, der die Lebensumstände dieses Mannes beherrschte und sie nutzte, um sein Volk zu retten; schließlich ist es die Story eines Mannes, der vollkommen integer war, der immer ein Mann voll Wahrheit und aufrichtiger Güte blieb, unabhängig davon, ob er ganz nach oben kletterte oder ganz nach unten sank. An wen erinnert Sie das? Die Antworte lautet: an Jesus selbst.

Josef wird zu einem sogenannten *Typus* Jesu, einem „Vorschatten" ganz früh im Alten Testament. Als würde Gott uns am Leben Josefs zeigen, was er später durch seinen eigenen Sohn tun wird. Jesus, Gottes einziggeborener Sohn, unser Retter und Heiland wird von seinen Brüdern verworfen (wie Josef abgelehnt worden war) und zutiefst gedemütigt. Dann wird er erhoben – im Falle Jesu natürlich von den Toten auferweckt. Die Parallelen sind bemerkenswert. Je intensiver Sie die Josefgeschichte lesen, desto deutlicher sehen Sie dieses Bild Jesu. Es scheint, dass Gott schon von Anfang an wusste, was er tun würde, und dass er seinem Volk entsprechende Hinweise gab. Dieses Phänomen durchzieht das gesamte Alte Testament. Eines meiner Lieblingsbücher ist „Christ in all the Scriptures" (Christus in der gesamten Bibel) von A.M. Hodgkin. Sie geht durch jedes einzelne der 66 biblischen Bücher und zeigt uns Jesus in diesem Buch. Jesus selbst ermutigte die Juden, die Schriften zu erforschen, denn „sie sind es, die von mir zeugen". Damit bezog er sich auf das Alte Testament. Wenn Sie das Alte Testament lesen, sollten Sie immer nach Jesus Ausschau halten, nach seinem Abbild oder nach seinem Schatten. Jesus selbst ist das Wesentliche, doch sein Schatten fällt in voller Länge auf die Seiten des Alten Testaments, besonders im Buch Genesis.

Abraham, Isaak und Jakob sind Vorbilder für uns, wie der Glaube an Gott aussehen kann. Josef zeigt uns beispielhaft, wie Gott auf jemanden reagiert, der an ihn glaubt. Josefs Geschichte demonstriert uns Folgendes: Gott kann das Leben einer Person gebrauchen, um sein Volk aus der Not zu erretten. Dabei erhebt er diese Person zum Retter und Herrn. Haben Sie diesen Schlüssel zum Verständnis einmal ergriffen, blättern Sie im Buch Genesis zurück und finden plötzlich Jesus an so vielen verschiedenen Stellen. Ich möchte Ihnen fünf davon zeigen. Es gibt noch weitere, nach denen Sie suchen können. Erstens, die Geschlechtsregister im Buch Genesis sind genau genommen der Stammbaum unseres Herrn Jesus Christus. Lesen Sie Matthäus 1 und Lukas 3, so finden Sie diese Ahnenreihen. In Lukas 3,24 entdecken Sie Namen aus dem Buch Genesis. Jesus gehört zur Abstammungslinie Sets, die direkt bis zum Sohn der Maria führt. Daher lesen Sie dort über seine Herkunft. Wenn Sie zu Jesus gehören, erkennen Sie Ihren eigenen Stammbaum. Es ist *unsere* Abstammungslinie, es sind *unsere* wichtigsten Vorfahren, weil wir durch den Glauben an Jesus zu Kindern Abrahams und zu seinen Nachkommen geworden sind. Sie gehören zu Christus und haben diese Geschichte geerbt, daher lesen Sie nun nicht mehr über eine fremde Familie, sondern über Ihre eigene. Das ist Ihr Familienstammbau. Meine Frau und ich machten einen Tagesausflug zum Petworth House, das den Dukes von Northumberland, den Percys, gehörte. Da ich aus Northumberland komme, hat mich das sehr interessiert. Ich bin mit einem der Percys auf College gegangen, daher interessierte mich ihr Familienstammbaum, der auf einem langen Schaubild an der Wand hing – sie hatten ihn bis zu Adam zurückverfolgt! Ich dachte mir, das kann ich auch, wenn ich nur einige der Namen in den Lücken wüsste. Wir alle gehen auf Adam zurück, doch auch Abraham ist unser gemeinsamer Vorfahr. In Christus ist das unsere Abstammung, weil es seine war; im Buch Genesis lesen Sie den Familienstammbaum Jesu.

Immer wieder, wenn Sie jemanden im Buch Genesis betrachten, erkennen Sie Jesus. Sie sehen Josef und erkennen Jesus; Sie betrachten Isaak und sehen Jesus.

Kehren wir in die Zeit zurück, als Abraham aufgefordert wurde, Isaak zu opfern. Er sollte zu einem spezifischen Berg gehen, der Morija hieß. Jahre später wurde derselbe Berg Golgatha genannt. Es war der Ort, an dem Gott seinen einzigen Sohn opferte. Genesis 22 berichtet uns, dass Isaak Abrahams einziger geliebter Sohn war. Wir haben bereits festgestellt, dass Isaak damals Anfang dreißig war und damit stark genug, sich seinem Vater zu widersetzen. Doch er fügte sich und ließ sich gefesselt auf den Altar legen. Im entscheidenden Moment stoppte Gott Abraham und sorgte für ein anderes Opfer: einen Widder, der sich mit seinen Hörnern im Gestrüpp verfangen hatte. Jahrhunderte später sagte Johannes der Täufer über Jesus: „Siehe, der ‚Widder' Gottes, der die Sünde der Welt wegnimmt." Ich mag die Bezeichnung „Lamm", nicht, wenn sie für Jesus verwendet wird. Es wird auf bunten Kirchenfenstern immer als kleines, knuffiges, weißwolliges Etwas dargestellt – doch es war ein *Widder*. Lämmer wurden damals nie geopfert. Die Opfertiere waren einjährige Widder mit Hörnern. Die Offenbarung zeigt Jesus als Widder mit sieben Hörnern – das ist nichts Kuscheliges, sondern ein Bild der Stärke – ein *Widder Gottes*. Gott stellte für Abraham einen Widder bereit, den er anstelle seines Sohnes opfern sollte. Dieser Widder hatte sich mit dem Kopf in den Dornen verfangen. Gott gab sich auch einen neuen Namen: „Ich werde dich immer versorgen" (*Jahwe Jireh, wörtlich: Der Herr wird ersehen, Anmerkung der Übersetzerin*). Am selben Ort wurde ein anderer Mann Anfang dreißig geopfert, dessen Kopf in Dornen verfangen war. Erkennen Sie in Isaak ein Abbild Jesu?

 Was hat es auf sich mit der merkwürdigen Begegnung, die Abraham mit einem Mann hatte, der sowohl König als auch Priester war? Er war der König der Stadt Salem, aus der später Jerusalem wurde. Als Abraham sich auf dem Rückweg von einer großen Schlacht befand, in der er seine entführten Familienmitglieder befreit hatte, kam er mit seiner Beute in die Nähe von Salem. Salem war eine heidnische Stadt, die nichts mit Abrahams göttlicher Abstammungslinie zu tun hatte. Doch da gab es diesen merkwürdigen Mann mit Namen Melchisedek, der Priester *und* König war, eine sehr ungewöhnliche Kombination, die es in Israel niemals gegeben hat. Als Verpflegung brachte dieser „Priesterkönig" Brot und Wein für Abraham und seine Kämpfer heraus, um sie zu stärken und zu erfrischen. Abraham gab ihm daraufhin den Zehnten der gesamten Kriegsbeute. Im Neuen Testament erfahren wir, dass Jesus auf ewig ein Priester nach der Ordnung Melchisedeks ist, ein weiterer Blick, den wir auf unseren Herrn Jesus Christus erhaschen können.

Kehren wir zu Jakobs Leiter zurück. Erinnern Sie sich, dass Jakob von Zuhause weglief und draußen übernachtet, mit einem Stein als Kopfkissen, und schließlich im Traum eine Leiter bzw. eher eine Art Rolltreppe sah? Der hebräische Urtext sagt, dass die Leiter bzw. die Leitern sich bewegten. Eine Leiter bewegte sich nach oben, die andere nach unten. Engel stiegen dabei auf und nieder. Jakob wusste, dass sich am oberen Ende der Leiter der Himmel befand, wo Gott wohnte. Als er aufwachte, versprach er, ein Zehntel seines Vermögens Gott zu geben. Diese Abgabe des Zehnten wurde erst zur Zeit des Mose zum göttlichen Gesetz. Jakobs Angebot, den zehnten Teil seiner Besitztümer zu geben, war eher eine Art Handel mit Gott: Wenn du mich sicher nach Hause bringst, werde ich dir meinen Zehnten geben. Allerdings kann man mit Gott nicht handeln und einen *Vertrag* abschließen. Gott schließt mit uns einen *Bund*, nicht andersherum. Jakob musste das später noch auf die harte Tour lernen.

Jahrhunderte später, als Jesus einem Mann namens Nathanael begegnete, sagte er zu ihm: „Ich sah dich unter dem Feigenbaum sitzen. Mein Blick fiel auf dich. Du bist ein Jude, in dem kein Falsch und kein Trug ist." Nathanael fragte ihn: „Woher kennst du mich?" Er leugnete es nicht, sondern begriff, dass Jesus ihn zutiefst erkannt hatte. Jesus antwortete ihm: „Du hältst es für wunderbar, dass ich die Details deines Lebens kenne? Was wirst du erst sagen, wenn du siehst, wie Engel auf den Sohn des Menschen hinauf- und herabsteigen?" Eine erstaunliche Aussage! Er sagte eigentlich: „Ich bin die Leiter Jakobs, ich bin die Verbindung zwischen Himmel und Erde. Ich bin die neue Leiter." Erkennen Sie Jesus in diesem Vorfall? Jesus selbst tat es.

Blättern wir noch weiter zurück, ins dritte Kapitel vom 1. Buch Mose. Gott gab eine Verheißung, inmitten der Bestrafung. Er sagte der Schlange, der Same der Frau (Same ist im Hebräischen männlich) werde ihr den Kopf zermalmen, während sie ihm die Ferse zerbeißen würde. Das Zerbeißen einer Ferse ist nicht tödlich, das Zermalmen eines Kopfes schon. Es ist die erste Verheißung, dass Gott dem Satan eines Tages einen tödlichen Schlag versetzen würde. Wir wissen bereits, wer den Starken band und sein Haus ausraubte.

Gehen wir noch weiter zurück zu etwas, das ich schon früher erwähnt habe. In Römer 5 erklärt Paulus, dass der Ungehorsam eines Mannes den Tod brachte, der Gehorsam eines anderen Mannes jedoch das Leben. Damit sagt er, dass Jesus ein zweiter Adam war. Beide Vorfälle geschahen in einem Garten. Im Garten Eden sagte Adam: „Ich beuge mich nicht." Im Garten Gethsemane hingegen erklärte Jesus: „Nicht mein Wille, sondern dein Wille geschehe." Was für ein Gegensatz! Jeder von beiden begründete ein eigenes Menschengeschlecht: Adam war der erste Mensch der Gattung *homo sapiens*; Jesus war der erste Mensch des *homo novus*. Ich wurde als *homo sapiens* geboren, doch nun bin ich *homo novus*. Das Neue Testament spricht über diesen neuen Menschen, die neue Menschheit. Es gibt heute zwei

Arten von Menschen auf dieser Erde. Geboren werden Sie als *homo sapiens*, wiedergeboren als *homo novus*. Entweder gehören Sie zu Adam oder zu Christus. Diese ganz neue Menschheit wird einen vollkommen neuen Planeten Erde bevölkern, ein ganz neues Universum. Gehen wir noch weiter zurück. Die bemerkenswerteste Aussage über Jesus im Neuen Testament lautet: Er ist für die Erschaffung des Universums verantwortlich. Dass einem Zimmermann aus Nazareth eine solche Leistung zugerechnet wurde, ist höchst erstaunlich! Die ersten Jünger durften erkennen, dass Jesus an den Ereignissen in Genesis 1 beteiligt war. Wie es Johannes am Anfang seines Evangeliums formulierte: „Es gibt nichts, was er, das Wort, nicht geschaffen hat." (Johannes 1,3; NLB). Ich hatte einmal das Vorrecht, bei einem Freiluftgottesdienst in Kanada zu predigen, an einem Ort, wo es noch nie einen christlichen Gottesdienst gegeben hatte, direkt vor den Niagarafällen – was für eine Kulisse! Der Gottesdienst wurde in ganz Kanada und in Teilen der USA ausgestrahlt. Es gab drei Prediger. Als erster war ich dran, dann kam ein katholischer Priester und nach ihm ein Pastor der Pfingstbewegung. Wir alle predigten über Flitterwochen. Wir hatten uns in den Vorbereitungen nicht abgestimmt, doch Niagara gehört zu den weltweit beliebtesten Orten für Flitterwochen, und alle Hotels an den Wasserfällen haben Hochzeitssuiten. Als ich begann zu predigen, sagte ich: „Ich möchte Ihnen sagen, dass ich den Mann kenne, der die Niagarafälle erschaffen hat. Ich traf ihn, als ich 17 Jahre alt war, und seitdem sind wir befreundet." Meine Zuhörer schauten mich an, als sei ich verrückt. Ich fuhr fort: „Sein Name ist Jesus, und ohne ihn ist nichts entstanden, was erschaffen worden ist, daher hat er die Niagarafälle gemacht. Bevor er Stühle und Tische zimmerte, schuf er die Bäume, damit er Holz zur Verfügung hatte, und bevor er die Bergpredigt hielt, machte er die Berge, um eine Kanzel zu haben."

Ist das nicht bemerkenswert, dass ein Zimmermann aus Nazareth an der Erschaffung unseres Universums beteiligt war? Wenn Sie 1. Mose 1 lesen, erkennen Sie Jesus? Er ist dort zu finden, in dem Wörtchen „uns": „Lasst uns Menschen machen als unser Ebenbild." Wir wissen bereits seit mehreren Jahrzehnten, dass wir tatsächlich wie auf Eierschalen leben, auf ebenen Steinplatten, die auf geschmolzenem Gestein schwimmen. Diese Platten sind ständig in Bewegung und reiben aneinander, sodass es zu Erdbeben kommt. Wir befinden uns in einer recht heiklen Lage. Wir stehen einfach auf diesen Platten. Als man entdeckte, dass diese Platten sich so bewegten, dass sie unsere heutigen Landmassen bildeten, mussten die Wissenschaftler ein neues Wort für diese Platten prägen. Sie nannten sie „tektonische Platten". Das griechische Wort *tectone* bedeutet „Baumeister" bzw. „Zimmermann". Der gesamte Planet Erde, auf dem wir leben, ist das Werk eines Zimmermanns aus Nazareth. Sein Name lautet Jesus Christus, der Herr!

So beenden wir unsere Betrachtung des Buches Genesis dort, wo wir sie begonnen haben: mit der Schöpfung. Wir beenden sie mit Jesus Christus, *durch den* die ganze Welt in Existenz kam, *für den* sie geschaffen wurde und *in dem* wir die Antwort auf unsere Fragen finden. Denn er wird in Johannes 1 der „Logos" genannt – das Wort, doch es bedeutet viel mehr als nur das Wort. Johannes schrieb sein Evangelium in Ephesus. 500 Jahre vor ihm lebte dort ein Mann namens Heraklit. Er war der erste echte Wissenschaftler, der seine Studenten lehrte, zu beobachten und zu studieren, was in der Tierwelt und beim Wetter vor sich ging. Beim allem, was ihr beobachtet, müsst ihr herausfinden, warum es sich so verhält, erklärte er, den Urgrund sozusagen. Dieser Urgrund wird im Griechischen als Logos bezeichnet, und daraus ist der Titel für jeden Zweig der Wissenschaft geworden:

„-ologie" meint diesen Urgrund. Die Biologie erklärt, warum sich das Leben so verhält, wie es sich verhält; die Zoologie erklärte, warum sich die Tiere auf bestimmte Art verhalten; die Psychologie erklärt, warum unser Verstand sich so benimmt; die Meteorologie beleuchtet das Verhalten des Wetters. Doch jeder Wissenschaftszweig betrachtet allein, warum ein *Teil* unseres Universums so funktioniert und nicht anders. Niemand scheint an der Frage interessiert zu sein, warum es das alles gibt. Die Antworte lautet: Jesus ist der Urgrund, die Ursache dafür. Er ist der Logos des gesamten Universums. Es wurde für ihn und durch ihn geschaffen, und ihm gebühren aller Lobpreis, alle Ehre und alle Anbetung, bis in alle Ewigkeit. Amen.

ANHANG

ANSCHAUUNGSMATERIAL, DAS IN DEN VIDEOS ZUM 1. BUCH MOSE IN DER SERIE „SCHLÜSSEL ZUM ALTEN TESTAMENT" VERWENDET WURDE, NACH FOLGEN GEORDNET

Diese grafischen Schautafeln sind als Ergänzung zu den entsprechenden Lehrvideos gedacht. Sie zeigen Illustrationen, die der Autor bei seinen Vorträgen verwendet hat. Die Lehrvideos wurden über einen Zeitraum von mehreren Jahrzehnten erstellt. Daher ist es möglich, dass manche Tafeln, die zum Zeitpunkt ihrer ersten Verwendung korrekt waren, nicht länger aktuell sind. Einige Bilder wurden bei mehreren Vorträgen oder mehreren Bibelarbeiten eingesetzt. Sie dokumentieren so vollständig und gemeinfrei wie möglich die Ressourcen, die in jeder Vortragsserie verwendet wurden.

David Pawsons Vorträge zu Schlüssel zum Alten und Neuen Testament sind auf Deutsch zu finden auf **www.youtube.com/c/DavidPawsonaufDeutschOffiziell**

Wie schon angedeutet können die Schautafeln auch als Ergänzung zum Buch „Schlüssel zum Alten Testament" verwendet werden, das auf Amazon erhältlich ist.

GENESIS TEIL 1

GENESIS 1: „GOTT" 35x

GOTT IST PERSÖNLICH (Herz, Verstand, Wille)
MÄCHTIG (10 Gebote werden befolgt)
UNERSCHAFFEN (immer und ewig da)
KREATIV (Vorstellungskraft ⟶ Vielfalt)
ORDENTLICH (Symmetrie, Mathematik)
EINZAHL (Verben)
MEHRZAHL (Substantiv)
GUT (sein Tun, weil er gut ist)
LIEBEVOLL (will die segnen, die er erschuf)
LEBENDIG (aktiv in dieser Welt)
SPRECHEND (kommuniziert um d. Beziehung willen)
WIE WIR (nach seinem Bild geschaffen)
NICHT WIE WIR (wir können nicht erschaffen)

NICHT IDENTIFIZIERT MIT | SEINER SCHÖPFUNG
ABHÄNGIG VON

GENESIS TEIL 2

MENSCHLICHE PHILOSOPHIEN

ATHEISMUS: kein Gott
AGNOSTIZISMUS: weiß nicht
ANIMISMUS: Geister sind Götter
POLYTHEISMUS: viele Götter
DUALISMUS: zwei Götter < gut / schlecht
MONOTHEISMUS: ein Gott
DEISMUS: Schöpfer hat keine Kontrolle
THEISMUS: Schöpfer hat Kontrolle

EXISTENTIALISMUS: Erfahrung ist Gott
HUMANISMUS: Mensch ist Gott
RATIONALISMUS: Verstand ist Gott
MATERIALISMUS: nur Materie ist real
MYSTIZISMUS: nur Geist ist real
MONISMUS: Materie & Geist sind eins
PANTHEISMUS: alles ist Gott
PANENTHEISMUS: Gott ist in allem

BIBLISCHE PHILOSOPHIE

DREIEINIGKEITSTHEISMUS: 3 in 1 Schöpfer beherrscht gesamte Schöpfung

Und Gott sprach:
Es werde:

$$\frac{1}{r^2}\frac{\partial}{\partial r}(r^2 D_r) + \frac{1}{r\sin\theta}\frac{\partial}{\partial \theta}(D_\theta \sin\theta) + \frac{1}{r\sin\theta}\frac{\partial D_\phi}{\partial \phi} = 4\pi\rho,$$

$$\frac{1}{r^2}\frac{\partial}{\partial r}(r^2 B_r) + \frac{1}{r\sin\theta}\frac{\partial}{\partial \theta}(B_\theta \sin\theta) + \frac{1}{r\sin\theta}\frac{\partial B_\phi}{\partial \phi} = 0;$$

$$\frac{1}{r\sin\theta}\left[\frac{\partial}{\partial \theta}(E_\phi \sin\theta) - \frac{\partial E_\theta}{\partial \phi}\right] = -\frac{1}{c}\frac{\partial B_r}{\partial t},$$

$$\frac{1}{r}\left[\frac{1}{\sin\theta}\frac{\partial E_r}{\partial \phi} - \frac{\partial}{\partial r}(rE_\phi)\right] = -\frac{1}{c}\frac{\partial B_\theta}{\partial t},$$

$$\frac{1}{r}\left[\frac{\partial}{\partial r}(rE_\theta) - \frac{\partial E_r}{\partial \theta}\right] = -\frac{1}{c}\frac{\partial B_\phi}{\partial t};$$

$$\frac{1}{r\sin\theta}\left[\frac{\partial}{\partial \theta}(H_\phi \sin\theta) - \frac{\partial H_\theta}{\partial \phi}\right] = 4\pi j_r + \frac{1}{c}\frac{\partial D_r}{\partial t},$$

$$\frac{1}{r}\left[\frac{1}{\sin\theta}\frac{\partial H_r}{\partial \phi} - \frac{\partial}{\partial r}(rH_\phi)\right] = 4\pi j_\theta + \frac{1}{c}\frac{\partial D_\theta}{\partial t},$$

$$\frac{1}{r}\left[\frac{\partial}{\partial r}(rH_\theta) - \frac{\partial H_r}{\partial \theta}\right] = 4\pi j_\phi + \frac{1}{c}\frac{\partial D_\phi}{\partial t};$$

und es ward Licht.

GENESIS TEIL 2

STIL: NICHT WISSENSCHAFTLICH (WIE?)
SONDERN VEREINFACHT (WAS?)
1. SUBJEKT (GOTT, WORT, GEIST)
2. VERBEN (SCHUF, MACHTE)
3. OBJEKTE (TAGE 1-7)

STRUKTUR:

Unbewohnbar	Unbewohnt
GOTT FORMT	GOTT FÜLLT
Kontrast	Inhalt
1. LICHT VON DER DUNKELHEIT	4. SONNE, MOND
2. HIMMEL VOM OZEAN	(+Sterne)
3. LAND VOM MEER	5. VÖGEL UND FISCHE
(+Pflanzen)	6. TIERE UND MENSCHEN

7. RUHETAG!

LOGISCH: (vereinfachte Zusammenfassung)
1. MAURER
2. ZIMMERMANN
3. KLEMPNER
4. ELEKTRIKER
5. STUCKATEUR
6. MALER
7. URLAUB

CHRONOLOGISCH: (Analyse des kritischen Wegs)
1. MAURER
2. ZIMMERMANN
3. KLEMPNER
4. ELEKTRIKER
5. STUCKATEUR
6. MALER
7. URLAUB

GENESIS TEIL 2

WISSENSCHAFT UND SCHÖPFUNG
1. VERWERFUNG
CHRISTEN VERWERFEN WISSENSCHAFT
NICHTCHRISTEN VERWERFEN BIBEL
2. TRENNUNG
WISSENSCHAFT- MATERIELLE WAHRHEIT (WANN? WIE?)
BIBEL- GEISTLICHE WAHRHEIT (WER? WARUM?)
WO IST DIE TRENNLINIE ZWISCHEN { MYTHOS UND GESCHICHTE? / WERTEN UND FAKTEN?
3. INTEGRATION
VORÜBERGEHENDE NATURWISSENSCHAFTLICHE FORSCHUNG
VERÄNDERUNGEN DER TRADITIONELLEN BIBELAUSLEGUNG
SCHÖPFUNG: TEMPO (6 TAGE ODER ÜBER 4 MILLIONEN JAHRE?)
ABFOLGE (LICHT VOR SONNE, VÖGEL VOR MENSCHEN?)
AUSWAHL (NATÜRLICH ODER ÜBERNATÜRLICH?)
MENSCH: ABSTAMMUNG (MINERALISCH ODER TIERISCH?)
DAUER (JAHRZEHNTE ODER JAHRHUNDERTE?)
TOD (NATÜRLICH ODER GÖTTLICHES URTEIL?)
FLUT: AUSMASS (LOKAL ODER UNIVERSAL?)

„TAG" (Hebräisch = JOM)
1. Wörtlich (Erdentag)
   a. Lücke
   b. Flut
   c. Antiquitäten
2. Geologisch (Epochentag)
3. Mythologisch (Fabeltag)
4. Pädagogisch (Bildungstag)
   a. Verbal
   b. Visuell
5. Theologisch (Tag Gottes)
„Alles innerhalb einer Arbeitswoche"
Beachte die Länge des siebten Tages.

GENESIS TEIL 3

KAPITEL 1 (1,1–2,3)   KAPITEL 2 (2,4-25)

———— GOTT ————

„GOTT"   „GOTT DER HERR"
ELOHIM = 3 GÖTTER   JHWH = SEIN. ICH BIN. IMMER
WIE DER MENSCH   NICHT WIE DER MENSCH

———— MENSCH ————

„MENSCH"   „ADAM" = ERDLING („EVA" = LEBENDIG)
WIE GOTT   NICHT WIE GOTT

                     WIE
                  NICHT WIE } TIERE

       gemacht | nach
                aus   BEZIEHUNGEN
| FRAU | für   DARUNTER – UNTERTAN   MANN
       benannt durch   DARÜBER – UNTERGEORDNET
  ↓   DANEBEN – UNTERSTÜTZEND   VERSORGEN
HELFEN   BESCHÜTZEN
ÜBEREINSTIMMEN

URSPRUNG DES MENSCHEN

a. BIBLISCH   „Lasst uns … nach unserem Bild"
                       „Schuf … aus Staub (Frau aus dem Mann)"

b. HISTORISCH   Einheit der Menschheit
                          Landwirtschaftliche Archäologie

c. PRÄHISTORISCH   Homo sapiens
                              Neandertaler, Peking, Java, etc.
                              WISSENSCHAFT - Falschuntersuchung?
                              BIBEL - Falschinformation?

         a. PRÄHISTORISCH WAR BIBLISCH (d.h. Abbild Gottes)
            Gen 1: altsteinzeitlicher Jäger
            Gen 2: jungsteinzeitlicher Bauer (Adam nicht erster Mensch)

         b. PRÄHISTORISCH WURDE BIBLISCH
            Haben sich einer, manche, alle verändert?
            „Gottessöhne und Töchter der Menschen" (Gen. 6)

         c. PRÄHISTORISCH WAR NICHT BIBLISCH
            Physisch ähnlich, geistlich nicht
            Art mittlerweile ausgestorben

GENESIS TEIL 3

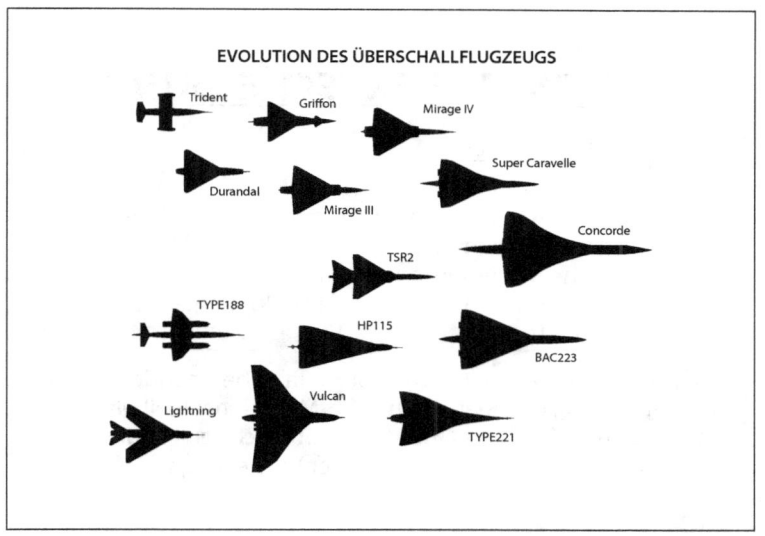

EVOLUTIONSTHEORIE
(TERMINOLOGIE)

„VARIATION" - kleine, graduelle Formveränderungen
„SELEKTION" - Überleben durch Anpassung an Umwelt
„NATÜRLICH" - automatischer Prozess (vs. übernatürlich)
„MUTATION" - große, plötzliche Formveränderungen (genetisch)

DARWIN   LAMARCK

MIKRO - EVOLUTION
  Begrenzte Prozesse innerhalb verschiedener Gruppen
MAKRO - EVOLUTION
  Umfassende Entwicklung aus einem einzigen Ursprung
„KAMPF": Überleben des Stärkeren
  (Schlüsselwort)

GENESIS TEIL 3

1. MENTALE ENTSCHEIDUNG

SCHÖPFUNG	EVOLUTION
Gott Vater	Mutter Natur
Persönliche Entscheidung	Unpersönliches Schicksal
Bestimmter Plan	Beliebiges Muster
Übernatürliche Inszenierung	Natürlicher Prozess
Offene Situation	Geschlossenes System
Fürsorge	Zufall
Auf Fakten beruhender Glaube	Auf Fantasie beruhender Glaube
Gott hat Freiheit, den Menschen nach seinem Bild zu schaffen	Mensch hat Freiheit Gott nach seinem Bild/ seiner Vorstellung zu schaffen

2. MORALISCHE ENTSCHEIDUNG

SCHÖPFUNG	EVOLUTION
Gott ist Herr	Mensch ist Herr
Göttliche Autorität	Menschliche Autonomie
Absolute Standards	Relative Situationen
Pflicht – Verantwortung	Forderungen – Rechte
„Kindliche" Abhängigkeit	„Erwachsene" Unabhängigkeit
Gefallener Mensch	Aufstrebender Mensch
Rettung der Schwachen	Überleben der Starken
Recht geht vor Macht	Macht geht vor Recht
Frieden	Krieg
Gehorsam	Selbstverwöhnung
Glaube, Liebe, Hoffnung	Fatalismus, Hilflosigkeit, Glück
Himmel	Hölle

GENESIS TEIL 4

HOCHWASSERSEDIMENT IN MESOPOTAMIEN

TIERE KOMMEN IN DIE ARCHE

GENESIS TEIL 4

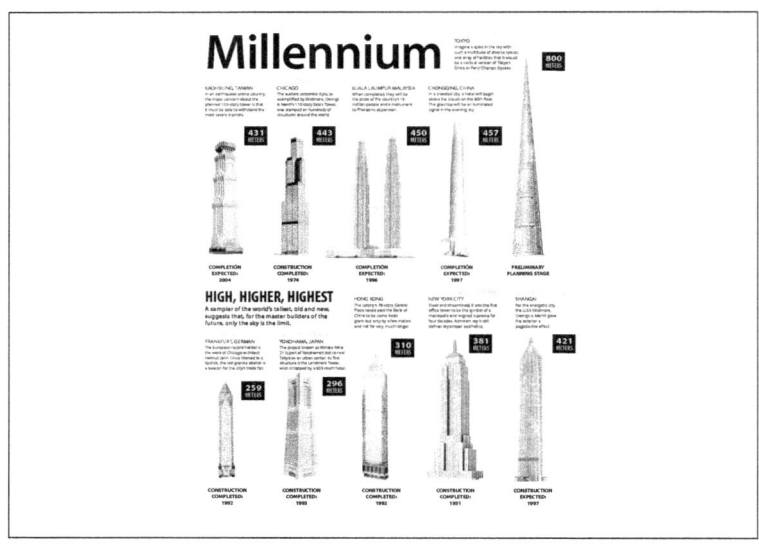

GENESIS TEIL 4

GENESIS 1-11 & CHINESISCHE SCHRIFTZEICHEN

ERSCHAFFEN:

土 = Schlamm
) = Leben, Bewegung
乙 = gehen

TEUFEL:

亻 = Mann, Sohn
田 = Garten
厶 = Geheimnis, versteckt

VERSUCHER:

'Teufel' + 木木 = zwei Bäume
宀 = Decke/Tarnung

BOOT:

井 = Behälter
八 = acht
口 = Mund, Person

GENESIS TEIL 5

GLIEDERUNG DES BUCHES GENESIS

1-11
Kurzer Abschnitt (1/4)
Lange Zeit (Jahrhunderte)
Viele Menschen (Nationen)

12-50
Langer Abschnitt (3/4)
Kurze Zeit (Jahre)
Wenige Menschen (Familie)

1-2 GUTER SCHÖPFER
GÖTTLICHES HANDELN
MENSCHLICHE BEZIEHUNGEN

12-36 GOTT ABRAHAMS vs. LOT
ISAAK vs. ISMAEL
JAKOB vs. ESAU

3-11 BÖSE GESCHÖPFE
SÜNDENFALL
RAUSSCHMISS

37-50 JOSEF ALS VORSCHATTEN JESU
RUNTER INS GEFÄNGNIS
RAUF BIS ZUM PREMIERMINISTER

ZIKKURAT IN UR

GENESIS TEIL 5

KAMIN IN UR

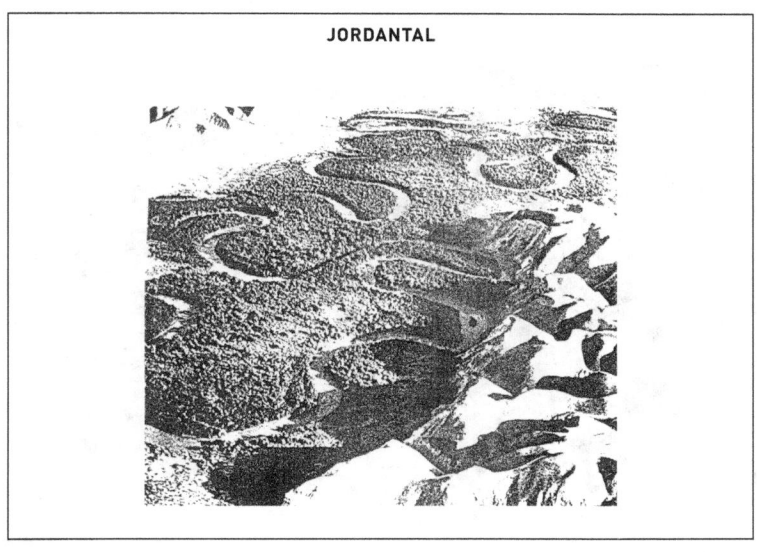

JORDANTAL

GENESIS TEIL 5

LOTS FRAU

PETRA

ÜBER DAVID PAWSON

Als Referent und Autor war David der Bibel in kompromissloser Treue verpflichtet. Mit großer Klarheit und Dringlichkeit forderte er Christen dazu auf, die verborgenen Schätze des Wortes Gottes zu entdecken.

David wurde 1930 in England geboren und begann seine berufliche Karriere mit einem Abschluss in Agrarwissenschaften an der Universität von Durham. Doch Gott intervenierte und berief ihn in den vollzeitlichen Dienst. Daraufhin absolvierte er einen Magisterstudiengang in Theologie an der Universität von Cambridge und diente drei Jahre lang als Militärgeistlicher in der Royal Air Force. Im weiteren Verlauf seines Berufslebens war er als Pastor mehrerer Gemeinden tätig, einschließlich des Millmead Centres in Guildford, das vielen Gemeindeleitern im Vereinigten Königreich zum Vorbild wurde. Im Jahr 1979 begann sein internationaler Reisedienst. Heute dient er hauptsächlich Gemeindeleitern auf der ganzen Welt.

Im Laufe der Jahre hat David viele Bücher, Broschüren und Andachtswerke verfasst. Seine umfangreiche und leicht verständliche Übersicht über die biblischen Bücher ist unter dem Titel „Schlüssel zum Alten Testament" und „Schlüssel zum Neuen Testament" als Buch und Videoserie veröffentlicht worden. Sein Lehrmaterial hat in millionenfacher Auflage Menschen in mehr als 120 Ländern erreicht und ihnen dadurch eine solide biblische Grundlage vermittelt.

Er gilt als „einflussreichster westlicher Prediger in China", da seine Bestseller-Serie „Schlüssel zum Alten Testament" und „Schlüssel zum Neuen Testament" durch „Good TV" in jeder chinesischen Provinz gesendet wurde. Im Vereinigten Königreich werden Davids Lehreinheiten oft auf „Revelation TV" gesendet.

Unzählige Christen auf der ganzen Welt haben bereits von Davids großzügiger Entscheidung im Jahr 2011 profitiert, seine umfangreiche Audio-und Video-Bibliothek mit seinem Lehrmaterial kostenfrei auf www.davidpawson.org zur Verfügung zu stellen. Erst kürzlich haben wir Davids gesamtes Videomaterial auf einen speziellen Youtube-Kanal unter www.youtube.com hochgeladen.

ZUM YOUTUBE-KANAL
www.youtube.com/c/DavidPawsonaufDeutschOffiziell

SCHLÜSSEL ZUM ALTEN UND NEUEN TESTAMENT

Das Alte Testament umfasst: „Die Anweisungen des Schöpfers" (Die fünf Bücher Mose); „Ein Land und ein Königreich" (Josua, Richter, Rut, 1. & 2. Samuel, 1. & 2. Könige); „Gedichte der Anbetung und der Weisheit" (Psalmen, Hohes Lied, Sprüche, Prediger, Hiob); „Aufstieg und Fall eines Großreiches" (Jesaja, Jeremia und weitere Propheten); „Der Kampf ums Überleben" (Chroniken und die Propheten des Exils).

Das Neue Testament beinhaltet: „Der Dreh- und Angelpunkt der Geschichte" (Matthäus, Markus, Lukas, Johannes und die Apostelgeschichte); „Der dreizehnte Apostel" (Paulus: Persönlichkeit und Briefe); „Durch Leiden zur Herrlichkeit" (Hebräer, Jakobus, Petrus und Judas, die Offenbarung).

Beide Bände, sowohl „Schlüssel zum Alten Testament" als auch „Schlüssel zum Neuen Testament", sind bereits internationale Bestseller.

Weitere Publikationen von David Pawson (Englisch) finden Sie unter www.davidpawsonbooks.com und www.davidpawson.com

www.ingramcontent.com/pod-product-compliance
Lightning Source LLC
Chambersburg PA
CBHW050029130526
44590CB00042B/2303